크리스티안 페촐트

크리스티안 페촐트

색채를 지닌 누아르

크리스티안 페촐트·루이즈 뒤마

이나라 옮김

마음산책

옮긴이 이나라

경희대학교 프랑스어학과 교수, 이미지 문화연구자. 영화·영상이론과 동시대 미학이론을 연구하고, 비평적 글쓰기를 시도한다. 지은 책으로 『유럽 영화 운동』 『알렉산드르 소쿠로프』(공저) 『하룬 파로키: 우리는 무엇으로 사는가?』(공저) 『풍경의 감각』(공저) 『파도와 차고 세일』(공저) 등이, 옮긴 책으로 『어둠에서 벗어나기』 『색채 속을 걷는 사람』 등이 있다.

크리스티안 페촐트
색채를 지닌 누아르

1판 1쇄 인쇄	2025년 11월 10일
1판 1쇄 발행	2025년 11월 15일
지은이	크리스티안 페촐트·루이즈 뒤마
옮긴이	이나라
펴낸이	정은숙
펴낸곳	마음산책
담당 편집	황서영
담당 디자인	오세라
담당 마케팅	권혁준
경영지원	박지혜
등록	2000년 7월 28일(제2000-000237호)
주소	(우04043) 서울시 마포구 잔다리로3안길 20
전화	대표	362-1452 편집	362-1451 팩스	362-1455
홈페이지	www.maumsan.com
블로그	blog.naver.com/maumsanchaek
트위터	twitter.com/maumsanchaek
페이스북	facebook.com/maumsan
인스타그램	instagram.com/maumsanchaek
전자우편	maum@maumsan.com
ISBN	978-89-6090-959-5 03680

* 책값은 뒤표지에 있습니다.

귀한 생존자, 내 어머니께

―루이즈 뒤마

일러두기

1. 주석은 원주(●)와 옮긴이 주(○)로 나뉜다.

2. 외국 인명, 지명, 독음 등은 외래어표기법을 따르되 관용적인 표기와 동떨어진 경우 절
   충하여 실용적 표기를 따랐다.

3. 영화의 우리말 제목은 국내 개봉명을 따랐으며 국내 미개봉작은 원제를 직역하거나 통
   용되는 제목을 쓰고 원제를 병기했다. 크리스티안 페촐트 작품의 원제는 「필모그래피」
   에 병기했다.

4. 영화 속 인명은 외래어표기법에 어긋나더라도 통용되는 영화 정보에 준하여 표기했다.

5. 영화·희곡·시리즈·곡·회화의 작품명은 〈 〉, 잡지 등 매체명은 《 》, 책 제목은 『 』, 편명
   은 「 」로 묶었다.

6. 원서에서 기울임체로 강조한 부분은 굵은 글씨로 표시하였으며, [ ]로 묶인 부분은 루
   이즈 뒤마가 덧붙인 설명이다.

7. 주석의 모든 웹주소는 2025년 11월 마지막으로 접속하였다.

서문

　　이 책은 2017년부터 2023년까지 내가 크리스티안 페촐트와 진행한 후 프랑스어로 옮긴 여섯 차례의 인터뷰•에 바탕을 둔 책이다. 페촐트는 인터뷰에서 자신의 영화와 영화 제작 방식에 대해 들려주었을 뿐 아니라 자신이 매우 아끼는 작품들에 대해서도 많은 이야기를 들려주었다. 다른 사람의 영화에 관한 페촐트의 정확한 시선은 인터뷰가 거듭될수록 인상적이었다. 그는 카메라의 움직임, 배우의 태도, 음악 한 곡 한 곡을 기억하고 있었고 그것을 열쇠로 삼아 작품 안으로 들어갔다. 이 책의 지면을 채우는 것은 관객인 한

<hr>

•　　이 중 두 편은 각각 영화비평지《포지티프Positif》689 · 690호(2018년 7~8월) 40~43쪽과 710호(2020년 4월) 15~18쪽에 게재되었다.

영화감독의 초상화다. 그렇지만 나는 페촐트가 관객으로서 보여주는 통찰력 때문에 영화감독으로서 페촐트가 가진 재능이 가려지는 것을 바라지 않았다. 그래서 그의 눈에 비친 영화사를 보여주기에 앞서 그의 영화를 돌이켜보고 페촐트가 독일영화사에서 차지하는 중요성에 대해 먼저 이야기하려고 한다.

1960년생인 크리스티안 페촐트는 뒤셀도르프와 부퍼탈 사이의 작은 마을에서 자랐다. 그의 부모는 모두 독일 동부(아버지는 작센, 어머니는 주데텐란트) 출신으로, 베를린장벽이 세워지기 전에 동부를 떠났다. 이러한 가족 내력은 청년기 페촐트에게 큰 영향을 미친 것으로 보인다. 페촐트는 여전히 자신을 "DDR° 난민"의 자식이라고 밝히는 것을 즐기고, 페촐트의 장편영화 중 세 편의 핵심 주제는 망명이다. 페촐트는 중등교육을 마친 후 군복무 대신 기독교 기관에서 공익근무를 선택했다.

페촐트는 어려운 형편의 청년을 위한 기숙사에서 일종의 시네 클럽을 운영했다. 이 시기 페촐트는 영화비평에 매

°   Deutsche Demokratische Republik, 동독을 뜻한다.

료되었는데, 특히 비평지《필름크리틱Filmkritik》[*]에 빠져들었다. 페촐트는 이 비평지를 통해 빔 벤더스와 하룬 파로키[**]의 글을 읽었고, 상영회를 준비했다. 1981년부터 베를린에 거주한 페촐트는 먼저 독문학을 수학했고 이후 1988년 베를린영화텔레비전아카데미DFFB, Deutsche Film- und Fernsehakademie Berlin에 입학한다. 그곳에서 페촐트는 하르트무트 비톰스키, 가장 친한 친구이자 가장 가까운 협업자가 된 하룬 파로키 같은 교수와 함께 공부했다. 토마스 아르슬란과 안겔라 샤넬레크 등이 페촐트의 동급생이다. 베를린에서 성장했고 베를린에 거주하고 있는 세 작가는 2000년대 독일 작가영화의 부흥을 이끌었는데, 평론가들은 이 세 감독을 주축으로 한 무리를 종종 '베를린파Berliner Schule'로 지칭한다.

　　1970년대 이후 독일영화의 역사를 일정 부분 명확하게 보여준다는 장점을 지닌 이 호칭에 대해 몇 마디 언급할 필

[*] 　1957년 엔노 파탈라스가 만든《필름크리틱》은《필름크리틱》에 때때로 번역본이 게재되기도 하는《카이에 뒤 시네마Cahiers du Cinéma》의 발자취를 따라 일곱 번째 예술에 대한 미학적, 정치적 성찰에 참여한다.

[**]　하룬 파로키는 90편이 넘는 영화를 만들었으며, 이 중 대부분은 실험적인 단편 다큐멘터리다. 2000년대 이후에는 다양한 비디오 설치작품을 제작하기도 했다. 그의 작품은 감시 카메라를 사용하는 등 많은 경우 영화 장치 자체를 반영한다. 베를린영화텔레비전아카데미에서 공부한 후 같은 학교와 캘리포니아 버클리대학교에서 학생들을 가르쳤다.

요가 있다. 우선, 이 호칭은 1960년대 독일에 널리 퍼졌던 누벨바그의 파장에까지 거슬러 올라갈 수 있게 한다. 영화에 대한 이념적, 미학적인 선언인 '오버하우젠선언Oberhausen Manifest'(1962)은 1970년대의 대표 감독(빔 벤더스, 베르너 헤어초크, 라이너 베르너 파스빈더, 마르가레테 폰 트로타, 알렉산더 클루게 등)을 한데 묶는 '뉴저먼시네마'를 낳았다고 여겨진다. 1980년대 말 장벽이 무너지면서 독일영화사에 새로운 순간, 영화이론가 에릭 렌츨러가 "합의의 영화Cinema of Consensus"라고 부른 국면이 도래한다. 미국영화를 모방하고 불편한 것(국가의 현대사)을 피하려고 했던 오락의 국면.•

　2000년대 '베를린파'의 초창기 영화들은 할리우드 **주류영화**와 차별화되는 극화 스타일을 채택하면서도 독일적인 주제를 다루었다는 점에서 그러한 '합의의 영화'와 구별된다. 베를린파는 이런 면에서 분명 1970년대 뉴저먼시네마의 정신을 이어받았다. 비록 상이한 사회적, 역사적, 미학적 맥락을 가지고 있지만 말이다. 그러나 '베를린파'라는 용어는 논란거리다. 첫째로 페촐트, 아르슬란, 샤넬레크는 일파

• 　에릭 렌츨러가 여기서 지칭하는 작품은 1980년대와 1990년대 독일에서 일반 대중에게 인기가 있었지만 해외로 거의 수출되지 않았던 독일의 대다수 작품이다. Eric Rentschler, "From New German Cinema to the Postwall Cinema of Consensus", *Cinema and Nation,* Routledge, 2000, p. 260~277.

나 운동을 결성한 적이 없다는 점에서, 둘째로 베를린영화텔레비전아카데미에서 공부한 바 없는 다른 감독들(예를 들어 페촐트의 12년 후배이자 뮌헨에서 교육받은 크리스토프 호흐하우슬러)도 오늘날 베를린파로 함께 뭉뚱그려진다는 점에서 그렇다. 그럼에도 이 용어는 여전히 독일 출신의 특정한 현대 감독들과 그들의 영화를 지칭하는 데 쓰인다. 크리스티안 페촐트, 크리스토프 호흐하우슬러, 도미니크 그라프가 오랫동안 이메일을 교환하면서 이 용어의 적합성을 논의하기도 했다. 메일 교환은 2011년 공동 영화 프로젝트 〈세 가지 삶〉(2011) 3부작으로 이어졌다. 크리스티안 페촐트는 여하간 그런 방식으로 베를린파와 연루되어 있다. 적어도 독일 밖에서는 현대 독일 작가영화로 가장 잘 알려진 대표 주자이기에 페촐트는 그 리더로 간주되기도 한다. 크리스티안 페촐트의 베를린영화텔레비전아카데미 졸업작은 〈파일럿〉(1995)이다. 이 텔레비전영화는 화장품 회사의 외판원으로 일하는 두 여성이 어느 날 상사의 돈을 훔치고 도주를 결심하는 이야기다. 훗날 페촐트 영화의 골격을 이루게 될 주제와 모티프가 영화의 72분 동안 드러난다. 여성을 주인공으로 삼는 작업에 대한 흥미('**여성 파일럿**Pilotinnen'을 뜻하는 원제가 이를 알려준다), 텔레비전과 그것의 규칙이 맺고 있는 복잡한 관계, 판타지인 이국(패션과 화장품의 천국인 파리)으로의 도주 등이 그렇다. 이 판타지는 항상 캐릭터들이 이동하게 하는 원동력이자(페촐트는 독일 '자동차 자본주의'를 다루는 위대한 영화감독 중 한 명으로 자리매김했다), 캐릭터를 범죄로 몰아넣는 동기이기도 하다. 다음에 연출한 두 편의 텔레비전영화 〈쿠바 리브레〉(1996)와 〈페트라〉(1998)도 쿠바 등타지에서 더 나은 미래를 꿈꾸는 소시민 범죄자들의 이야기와 **로드무비**를 혼합해 이러한 맥락을 이어나간다.

페촐트가 영화계에서 처음 연출한 장편영화의 주인공들 역시 무법자다. 〈내가 속한 나라〉(2000)는 테러리스트였던 과거 때문에 딸을 데리고 숨어 살게 된 적군파 출신 부부를 뒤쫓는다. 이 영화는 제57회 베니스영화제에 초청되어 세계 언론의 주목을 받았고, 라인강 너머에서 작가영화가 다시 부흥하고 있다는 것을 알리는 신호탄이 되었다. 프레데리크 보노°는 《레진록스Les Inrocks》°°에 다음과 같이 썼다. "'공식 경쟁' 부문과 비교할 때 '오늘의 영화작가' 부문 출품작은 현저히 불만족스럽다. 그런 만큼, 행복한 발견을 위해서는 샅샅이 살펴야 한다. 아프리카영화계와 독일영화계라

°   프랑스의 영화평론가로 2016년부터 시네마테크 프랑세즈의 총괄 디렉터를 맡고 있다.
°°   프랑스의 대중문화 비평 전문 월간지.

는 두 황폐한 곳에서 무엇인가를 발견한다면 행복은 더욱 커진다. 상상하기 힘든 두 가지 주제(흑인 노예무역과 극좌파 테러리즘)를 다룬 로저 그노안 음발라와 크리스티안 페촐트의 영화는 놀라울 정도로 절제되고 통제되었으며, 숨이 멎을 듯한 톤의 정확성을 유지하면서도 교훈적이지 않고 픽션에 취하지 않는다." 페촐트는 명성을 얻기 시작한다.

그 후 감독은 사랑 이야기에서 시작해 복수 이야기로 이어지는 〈죽은 남자〉(2001)로 텔레비전에 돌아온다. 그의 작품 속 히치콕적 분위기는 이후 다섯 편의 영화에서 주연을 맡는 여성 배우 니나 호스에게 많은 것을 빚지고 있다. 이어서 〈야수는 죽어야 한다Que la bête meure〉(클로드 샤브롤, 1969)를 재해석한 〈볼프스부르크〉(2003)가 만들어진다(샤브롤은 히치콕과 마찬가지로 페촐트가 좋아하는 영화감독이다). 폭스바겐 공장이 있는 도시 볼프스부르크 외곽에서 한 운전자가 어린이를 치고 달아난다. 죄책감을 느낀 운전자는 소년의 어머니에게 접근해 자신의 정체를 밝히지 않고 자신이 저지른 잘못을 만회하려고 한다. 텔레비전용으로 기획된 이 영화는 베를린영화제에 초청된 덕분에 극장에서 상영될 수 있었다.

다음 장편영화 둘은 〈내가 속한 나라〉와 이어지는 프로젝트로 정해진다. 페촐트는 **훗날** 이 영화들을 '유령 3부작'이라고 부르게 된다. 〈유령〉(2005)은 두 명의 비행 소녀가 베를린에서 겪는 고난을 다루는 영화로, 딸의 죽음에 애통해하던 한 어머니가 두 소녀 중 한 명을 자신의 딸이라고 믿게 되는 이야기다. 〈옐라〉(2007)는 한 소녀의 마지막 꿈속으로 우리를 데려간다. 주인공 소녀는 삶과 죽음 사이에 놓여 있고, 구 동독의 궁핍한 지방을 떠나 서쪽의 금융자본주의에서 성공하기를 꿈꾼다. 〈열망〉(2008)은 일련의 작품 중 특이한 영화로, 벤노 퓌르만이 연기한 남자 주인공을 중심에 두고 『포스트맨은 벨을 두 번 울린다』•에서 영감을 받은 간통 이야기를 통해 독일의 아프가니스탄 전쟁 개입과 튀르키예 이민자 통합 문제를 간접적으로 다룬다.

　페촐트가 국제 영화 팬들 사이에서 명성을 얻게 한 '역사 3부작'이 다음으로 등장한다. 이 세 영화는 모두 문학작품에서 영감을 받았으며, 페촐트는 원작을 단순히 각색하기보다 독해한다. 헤르만 브로흐의 단편소설은 〈바바라〉(2012)에 제목과 줄거리를 제공했고, 위베르 몽테예의 『재의 귀환Le Retour des Cendres』은 〈피닉스〉(2014)에 영감을 주었으며, 〈트랜짓〉(2018)은 안나 제거스의 유명 소설°에 바탕을 둔 작품이

•　제임스 M. 케인의 이 1934년 소설은 여러 차례 영화로 각색되었다.

°　소설의 원제는 영화와 같은 트랜짓Transit이나, 국내에는 『통과비자』라는 제목으로 출간되었다.

다. 〈바바라〉는 서독으로 탈출하려다 처벌을 받아 동독 외딴 지역의 작은 병원으로 보내진 동베를린 출신 외과의사를 다루는데, 그녀는 정치적, 감정적 고민을 안고 있다. 〈피닉스〉는 강제수용소 생존자의 귀환을 묘사한다. 폐허가 된 나라에서 그녀는 남편이 자신을 국가사회주의 당국에 넘겼다는 사실을 알게 된다. 〈트랜짓〉은 1940년대 초 마르세유를 배경으로 독일인 망명객들의 일상을 되짚는다. 유럽의 항구에서 이들은 미국행 비자가 나오길 기다린다. 문학적 영감과 역사적 소재에 바탕을 둔 〈트랜짓〉은 앞선 두 영화의 연장선상에 있다.

하지만 다의적인 제목이 알려주는 것처럼 이 영화는 크리스티안 페촐트의 작품 세계가 새로운 시기로 이행하고 있음을 보여준다. 우선, 1942년의 사건을 현재의 마르세유에서 촬영하면서 영화는 역사영화의 코드를 벗어나 망명자와 도망자의 상황에 대한 비연대기적 성찰을 담게 되었다. 〈트랜짓〉은 페촐트와 배우 파울라 베어, 프란츠 로고브스키의 협업의 시작점이자 또 다른 협업의 끝을 알리는 작품이다. 사실 이 영화는 2014년 여름 하룬 파로키가 갑작스럽게 세상을 떠난 후 페촐트가 만든 첫 번째 작품이다. 페촐트는 〈트랜짓〉을 파로키에게 헌정했으며 이 영화로 파로키의 프로젝트 중 하나가 실현된 것처럼 보인다. 실제로 파로키는 (1966년부터 1968년까지 재학했던) 베를린영화텔레비전아카데미 입학시험 당시 안나 제거스의 소설을 원작으로 한 프로젝트를 제안한 바 있다.

페촐트는 영화 작업과 함께 텔레비전 작업도 병행한다. 그는 2015년부터 2018년까지 범죄드라마 〈폴리차이루프 110〉의 세 에피소드를 연출한다. 이 작품들은 범죄물에 대한 페촐트의 관심을 보여주고, 〈파일럿〉에서 시작된 영화와 텔레비전의 관계에 대한 성찰을 이어간다. 〈폴리차이루프 110〉 중 페촐트가 연출한 첫 번째 에피소드인 "서클"에서는 살인 용의자가 소유한 기차 모형에 대한 엄청난 분량의 대사가 등장한다. 살인 용의자는 독특하게도 선로를 원형이 아닌 평행선으로 배열한다. 이 오브제는 분명 페촐트의 핵심 주제에 대한 변주다. 일상적 진행으로부터의 표류, 탈선, 우회라는 문제 말이다. 동시에 이 은유는 한동안 영화계를 떠나 방송계에 복귀했던 페촐트 자신의 행적과도 당연히 관련된다. 하지만 페촐트가 이 세 편의 텔레비전영화를 찍을 때에도 자신의 영화 사단에 충실했다는 점은 주목할 만하다. 편집자 베티나 뷜러, 촬영감독 한스 프롬, (여러 편, 특히 〈내가 속한 나라〉와 〈트랜짓〉에 출연한) 배우 바르바라 아우어 등 말이다. 경찰 경정을 연기한 마티아스 브란트는 텔레비전에서의 협업에 이어 〈트랜짓〉으로 페촐트의 영화 세계에 처음 발을 들여놓았다. 페촐트는 크리스토프 호흐하우슬러, 도미니크 그라프와 함께 구상한 〈세 가지 삶〉 프로젝트에도 참여했다. 이는 같은 사건과 배경(튀링겐의 가상의 마을)을 다루는 세 편의 텔레비전영화다. 페촐트가 감독한 편은 "죽음보다 나은 것"이라는 제목으로 이미 운디네라는 형상(실연당한 남자를 위로하기 위해 물에서 올라오지만, 사소한 불륜을 저지른 남자를 죽여야 하는 신)과 정치적 망명(주인공은 사라예보 출신)이라는 주제를 보여주기도 한다. 페촐트의 텔레비전용 작품과 극장용 작품은 기술적, 예술적, 주제적 측면에서 모종의 연속성을 가지고 있다.

〈운디네〉(2020)와 〈어파이어〉(2023)에는 신화적인 요소가 더해졌고, 초기에 연출했던 영화들의 환상적인 분위기와 다시 연결된다. 〈운디네〉는 젊은 역사학자와 산업 잠수부의 로맨스를 넘어, 여성 주인공이 어떻게 오래된 신화와 그 세속적 재현으로부터 자유로워지기 위해 노력하는지 이야기한다. 한편, 〈어파이어〉는 산불이 일어난 발트해 연안의 시골 마을을 영화에 담는다. 〈운디네〉와 〈어파이어〉는 각각 물, 불이라는 원소를 중심으로 한 3부작의 첫 두 영화로 독일 낭만주의에서 영감을 받았다고 알려진다. 하지만 〈어파이어〉에는 다소 특이한 점이 있다. 첫째, 주인공이 남자(영감 부족으로 어려움을 겪는 젊은 작가)라는 점. 둘째, 이 영화는 드라마이기는 하지만 로메르식 코미디의 분위기를 띠고 있다는 점. 페촐트는 이제껏 해 질 녘 시골집 정원에서 농담을 나누는 젊은 보헤미안들의 소모임을 보여준 적이 없었다.

*

크리스티안 페촐트의 필모그래피를 빠르게 둘러보고 나면 살펴보아야 할 네 가지 주요한 지점이 드러난다. 첫째, 토마스 엘새서가 파스빈더에 대한 논문에서 썼던 제목을 사용하여 페촐트를 "독일 출신의 영화감독", 즉 자신이 살고 일하는 국가의 정치적, 사회적, 문화적 역사를 반영하는 예술가로 묘사할 수 있다는 점이다. 베를린파 감독들에게 공통점이 있다면 그것은 의심할 여지 없이 미국 표준에 맞춰진 영화제작을 거부하고 독일이 아닌 다른 곳에서는 같은 방식으로 만들어질 수 없는 영화를 만들고자 하는 열망이다. 페촐트 영화의 두 번째 특징은 여성 배우들, 그리고 이들이 연기하는 여성 인물들이다. 페촐트의 가장 유명한 영화에 출연했기 때문에 그의 작품과 항상 함께 거론되는 니나 호스, 그 밖에도 율리아 후머, 바르바라 아우어, 그리고 2018년 이후로는 파울라 베어가 있다. 셋째, 페촐트의 필모그래피에는 이동이라는 주제에 대한 일종의 집착이 스

며들어 있다. 이는 **로드무비**의 형식과 탈출이라는 모티프로 반복된다. 마지막으로, 대형 스크린과 소형 스크린을 오간다는 점이 있다. 이 점에서 영화와 텔레비전에 관한 미디어학적 관점을 살펴볼 수 있다.[•] 이 네 가지 주요 축은 내가 크리스티안 페촐트와 진행한 다양한 인터뷰의 기초가 되었다. 페촐트는 자신의 영화의 핵심을 이루는 이러한 모티프를 바탕으로 다른 사람의 영화에 의미를 부여하고, 그들이 그러한 모티프를 사용하는 방식에 대해 많은 이야기를 들려주었다. 페촐트의 동료이자 친구인 크리스토프 호흐하우슬러는 페촐트의 영화에 대해 이렇게 말한다. "그의 작품은 가능성의 예술이에요. 그는 다른 사람보다 더 간결하고 실현 가능한 해결책을 선호하죠. 그가 영화를 찍어내는 제작자라거나 엄밀함을 결여하고 있다고 말하려는 것이 아닙니다. 하지만 제가 현실적인 생산 조건에 비해 너무 큰 프로젝

• 프랑스에서 미디어학은 철학자 레지스 드브레의 연구와 연결된다. "기술과 문화 사이의 상호작용에 대한 체계적 연구인 미디어학은 공간과 시간 속에서 의미를 전달하는 수단에 관심을 갖는다.", https://www.mediologie.org 참조. 독일에서 '미디어학medienwissenschaft'(문자 그대로의 의미로는 미디어 과학)은 종종 '이미지학bildwissenschaft'(이미지 과학 또는 시각 연구), '연극학theaterwissenschaft'(연극 연구) 및 '영화학'(영화 연구)과 결합된다. 따라서 독일 미디어학은 다양한 예술형식을 표현 매체와 채널의 측면에서 고려한다. '미디어학'이라는 용어는 여기서 주로 이러한 미학적 접근의 견지에서 고려된다.

트를 끊임없이 고민하는 반면, 페촐트는 매우 절제된 채로 정확성을 가지고 작업해요. 일본 목수처럼 그는 억지로 끼워 맞추지 않고 여러 조각을 이어 붙여요. 저는 바로크적 기질을 가져서 때때로 과한 것을 좋아하지만, 페촐트의 이러한 점에 무척 감탄합니다. 그를 우리 시대 최고의 독일 감독으로 만드는 것은 바로 이러한 정밀함이에요. 크리스티안이 경험 많은 협력자들로 꾸려진 안정적인 팀과 함께 작업한다는 사실은 그의 '프로테스탄트적 방식'의 핵심을 이루고 있죠. 제작, 촬영, 편집, 세트 및 의상은 거의 항상 같은 사람들에게 맡겨져요. 조감독이나 스크립터 역할에 고정 파트너가 있습니다. 게다가 니나 호스(〈볼프스부르크〉 〈죽은 남자〉 〈옐라〉 〈열망〉 〈바바라〉 〈피닉스〉)와 꾸준히 함께 작업을 이어가는 일은 고유하고 내밀한 세계를 창조할 수 있게 했습니다. 도미니크 그라프와 함께한 베를린파와 독일영화에 대한 서신교환에서 크리스티안은 우리 영화의 주제가 '신 부르주아지의 우울함'이라고 말했습니다. 제 생각에 이 표현은 영화뿐만 아니라 공공자금 지원, 책임감, 권장 근무시간 등 영화제작 방식에 대한 것이기도 합니다. 아침에 자전거로 아이들을 학교에 데려다주고 촬영하러 나갑니다. 스칸디나비아 모델이죠. 하지만 저는 이런 과한 해석으로 그에게 해를 끼치고 싶지는 않아요. 마찬가지로 감독은 자신

의 영화에 대해 말하는 것을 항상 조심해야 합니다."•

*

　페촐트가 우리의 대화를 자신의 영화에만 가두어두지
않고 항상 외부로 개방하는 것은 신중함에서 비롯된 것이
기도 하지만, 진정성의 결과이기도 하다. 호흐하우슬러가
지적한 것처럼 페촐트의 작품에는 분명 폐쇄성에 대한 유
혹이 있다. 그러나 다른 사람들의 작품에 대한 커다란 개방
성도 있다. 기차 모형의 선로가 순환하지 않고 바깥쪽을 향
하는 모습은 페촐트 영화를 형상화하는 좋은 방법이기도
한데,•• 자기 완결성을 가지면서도 다공성이 큰 형식 덕분
에 영화사와 영화 담론에서 영양분을 공급받는다. 페촐트
는 언어적 표현에 대한 애정 역시 숨기지 않는다. "저는 대
본을 쓸 때 배우 혹은 하룬과 함께 대화를 나누며 작업을 시

• 　이 발췌문은 2016년 오스트리아영화박물관에서 크리스티안 페촐트 회고전이 개
　최되었을 때 잡지 《레이 필름매거진Ray Filmmagazin》에 게재된 크리스토프 호흐하
　우슬러의 글을 번역한 것이다. https://ray-magazin.at/christian-petzold-die-
　protestantische-methode 참조.
•• 　이 점에 대해서는 말테 하게너의 다음 훌륭한 글을 참조하라. "Konzentrische
　Kreise", *Über Christian Petzold*, Vorwerk 8, 2018, p. 159~171.

작했어요. 편집 테이블에서 베티나와 이야기하며 모든 결정을 함께 내렸죠. 대화를 통해 우리가 알고 있는 것을 뛰어넘는 건 정말 행복한 일이에요. 이런 의미에서 제가 하는 일은 상상할 수 있는 가장 아름다운 일입니다."•

감독에게 영화에 관한 논의, 심지어 비평활동이나 토론은 본질적인 일이다. 아마도 이런 활동이 가지는 중요성은 다른 감독들보다 누벨바그를 계승한 프랑스와 독일 감독에게 더 클 것이다. 이러한 이유로 각 장의 마지막에는 이번 기회에 처음 프랑스어로 번역된 크리스티안 페촐트의 글을 실었다. 독일 일간지《쥐트도이체 차이퉁Süddeutsche Zeitung》과 영화잡지《카르고Cargo》에 실린 이 텍스트는 개인적인 이야기에서 영감을 받은 성찰이나, DVD 출시를 맞아 기록된 고전영화에 대한 성찰들이다(따라서 우리는 프리츠 랑, 클로드 샤브롤, 찰리 채플린에 대한 그의 생각을 읽게 될 것이다). 내가 이 글들을 택한 이유는 이들이 각 장의 주제를 확장할 뿐만 아니라 인터뷰를 보완하고 페촐트의 '대화법'을 탐구하도록 돕기 때문이다. 이 글들은 이미지, 사운드 또는 연출의 작은 디테일에 의미를 부여해 촬영 예술에 대한 보다 일반

• Ilka Brombach · Tina Kaiser(eds.), "Ein Raum, in dem wir heimisch sind", *Über Christian Petzold*, Vorwerk 8, 2018, p. 19~60.

적인 성찰을 이끌어낸다. 당연하게도 나는 담론에 대한 이러한 사랑에서 나와 크리스티안 페촐트의 가장 큰 공통점을 발견했다. 시네아스트이자 평론가인 페촐트와 해설가이자 주석가인 내가 수년 동안 이어온 이야기가 영화에 대한 하나의 성찰이 될 수 있기를 바란다.

차례

그래서 나는 커다란 문을 열며 시작하는 영화보다,

살짝 비집고 들어갈 만한 작은 틈새로

우리를 끌어들이는 영화를 좋아한다.

─크리스티안 페촐트

독일의 광경(들)

루돌프 토메의 〈붉은 태양Rote Sonne〉(1970)을 다루는 비평에서 빔 벤더스는 이 영화가 독일을 배경으로 삼는 것을 부끄러워하지 않는다고 썼다.

독일 주류영화계의 경우 독일을 영화의 배경으로 삼는 일을 부끄러워하는 것이 사실이다. 감독들은 압박감을 느끼면서 강박적으로 미국영화를 모방하려 많은 노력을 기울인다. 그래서 그런 바보 같은 음악과 트래킹숏을 사용할 때면 클로즈업으로 포착되는 '스타'의 표정, 한결같은 파나비전Panavision 미학, 인터넷을 돌아다니는 짧은 영상에서 흔히 볼 수 있는 크레인 움직임, 국제공항 탑승 구역 세트처럼 획일화된 세계의 거주민들, 길거리, 도시가 있다.

장소에서부터 하나의 이야기를 만들기. 토마스 아르슬란의 〈딜러Dealer〉(1999)에서는 불타고 있는 쓰레기통이나 사람들이 하룻밤 묵는 임시 거처를 볼 수 없다. 이 영화에서 관객들은 베를린의 실제 여름 풍경과 탁 트인 광장을 보게 될 것이다. 〈붉은 태양〉과 마찬가지로 〈딜러〉는 미국영화와 대결하는 영화다. 독일을 배경으로 하고 있지만 그걸 부끄러워하지 않는다.

크리스티안 페촐트,
제61회 베를린영화제 포럼 부문 카탈로그

독일을 기원의 장소로 주장하기. 이런 의미에서 베를린
파의 영화는 마르코 아벨°이 이 레이블 아래 묶이는 감독들
에게 헌정한 책•에서 말하는 것처럼 "카운터 시네마counter-
cinema"로 불릴 수 있다. 이 영화는 20세기 독일의 역사를 다
루지 않기 위해 고심했던 1980년대와 1990년대의 독일 작품
들뿐만 아니라, 독일 역사에 대한 할리우드적 해석을 제시
하는 최근작, 예를 들어 〈타인의 삶〉(플로리안 헨켈 폰 도너스
마르크, 2006)과 같은 작품들에도 이의를 제기한다. 이러한

°   독일 출신의 영화학자. 현재 미국 네브래스카대학교에서 영문학 및 영화학 교수로
    재직 중이다.

•   Marco Abel, *The Counter Cinema of the Berlin School*, Camden House, 2013.

주류영화와는 대조적으로 베를린파 시네아스트들은 현대 독일의 현실과 그 현실을 낳은 역사의 다양한 지층을 직시한다. 1980년대부터 2000년대까지 '합의의 영화'에 대해 페촐트를 비롯한 감독들이 갖는 의미는 전후 영화에 대해 벤더스와 파스빈더가 가졌던 의미와 같다.

페촐트는 배우로부터 영감을 얻는 것과 비슷하게 "장소로부터 이야기를 만들어낸다"고 고백한다. 실제로 그는 주인공의 이름을 따서 제목을 짓거나, 그렇지 않은 경우 장소를 지칭하는 다소 은유적이고 항상 다의적인 제목을 선택한다. 〈쿠바 리브레〉는 칵테일의 이름이자 국가명으로, 먼 곳에 대한 도취를 불러일으킨다. 〈내가 속한 나라〉의 독일어 제목은 "국내 치안Die innere Sicherheit"이다. 이 제목은 1990년에 독일에서 새롭게 정의한 국내 개념과 가정이라는 내부 공간을 동시에 환기한다. 〈피닉스〉는 나이트클럽이라는 장소의 이름이며 〈어파이어〉°의 경우에도 비록 붉은색을 띤 하늘이긴 하지만 하늘 역시 분명 하나의 공간이다. 〈볼프스부르크〉와 〈열망〉°°처럼 도시 이름을 직접 따온 제목은 영화의 독일적 기원을 확인하게 할 뿐 아니라 배경

°　〈어파이어〉의 원제인 Roter Himmel은 '붉은 하늘'이라는 뜻이다.

°°　〈열망〉의 원제인 Jerichow는 작센 안할트 지역 마을의 이름이다.

크리스티안 페촐트

이 이야기에 제공할 수 있는 역사적, 문화적, 영화적 깊이를 확인하게 한다. 〈볼프스부르크〉의 배경이 된 마을은 1938년 국가사회주의 정권에 의해 자동차산업의 요새로 조성된 곳이다. 폭스바겐 공장이 이곳에 세워졌는데, 마을은 먼저 "기쁨의 힘 자동차의 도시Stadt des KdF-Wagens"°로 명명되었고, 이것은 상당한 선전 프로그램의 일환이었다. 제2차 세계대전 이후 마을 이름은 볼프스부르크가 된다. "그러나 다소 아이러니하게도 이 도시의 새 이름은 지워진 것으로 여겨지는 바로 그 과거에 여전히 사로잡혀 있다. 볼프스부르크(문자 그대로의 의미는 '늑대 성城')는 히틀러의 별명(늑대)을 노골적으로 연상시킨다."• 하지만 〈볼프스부르크〉는 자동차산업이나 제3제국에 관한 영화가 아니다. 페촐트는 이렇게 말한다. "나의 목표는 연방공화국의 전형적인 존재 형식을 보여주는 것이었다."•• 말하자면, 폭스바겐 공장이 더 이상 화이트칼라나 블루칼라 노동자를 고용하지 않고 3차 경제와

○   '기쁨의 힘Kdf, Keaft durch Freude'은 나치 독일의 국가 여가 조직 이름으로, 훗날 폭스바겐 비틀로 알려지는 자동차의 초기 명칭이다.

●   위의 책, 71쪽.

●●   Stefan Reinecke, "Das Kino als Versuchsanordnung: Ein Werkstattgespräch mit dem Regisseur Christian Petzold", *Film*, 2003, https://www.filmportal.de/node/263489/material/1020977 참조.

후기 산업자본주의가 자신들의 법을 강요하던, 2000년대 초반 다른 대부분의 도시와 비슷한 모습이 되어버린 독일의 한 도시에서 우리가 영위하던 실존을 보여주는 일 말이다. 게다가 볼프스부르크는 빔 벤더스 감독의 유명한 **로드무비**인 〈시간의 흐름 속으로Im Lauf der Zeit〉(1976)에서 주인공들이 들렀던 곳으로, 이후 영화의 도시가 되기도 했다.

"이 영화는 독일을 배경으로 하는 것을 부끄러워하지 않는다"라는 표현을 되새길 때, 페촐트는 벤더스를 조심스럽지만 중요하게 소환한다. 볼프스부르크를 배경으로 삼은 덕분에 페촐트는 이 작품과 스토리가 가지고 있는 독일적 기원을 역사적, 영화적 참조를 통해 드러낼 수 있었다.

이런 참조점은 페촐트 작품의 탄생에 매우 중요한 역할을 한다. 페촐트의 협력자들은 촬영 전에 이 시네아스트가 점잖은 방식으로 종종 주최하는 '세미나'에 참여한다. 페촐트는 함께 책을 읽고 리허설과 토론을 하기 위해, 무엇보다도 함께 영화를 보기 위해 영화 팀을 모은다. 그러나 이들이 함께 보는 영화는 찍게 될 영화의 모델이나 영감의 원천이 아니다. 이들이 함께 본 영화는 페촐트 작품 안에 침전물처럼 남게 된다. 영화가 세트를 통해 다양한 의미의 흔적들을 작품 안에 남기는 것과 마찬가지다. 〈피닉스〉를 예로 들어보자. 독일에 관한 이 역사영화는 놀랍게도 1960년대 프

〈시간의 흐름 속으로〉

볼프스(WOLF늑대)-

-부르크(BURG성)

랑스 작품에서 영감을 얻었다. 페촐트는 〈피닉스〉의 원작인 위베르 몽테예의 소설이 "〈현기증Vertigo〉(앨프리드 히치콕, 1958)과 수용소에서의 귀환을 혼합한 이야기"를 대담하게 풀어낸 점에 매료되었다. 이 시네아스트는 그러한 대담함 속에서 전형적으로 프랑스적인 것을 발견한다. 군인이 행진하고 알제리전쟁이 벌어지는 시대를 배경으로 삼으면서도 "사랑, 춤, 할리우드 영화, 진 켈리"를 당연하다는 듯 소환하는 자크 드미의 영화에서 볼 수 있는 어떤 것 말이다.•

〈피닉스〉는 시대적 재구성에 그치지 않는 복잡한 구조로 공명한다. 이 영화는 특정한 독일적 주제를 다루지만 이처럼 다른 곳에서 미학적 영감을 얻기도 했다. 페촐트는 전후 독일영화에서는 이런 접근 방식이 불가능했을 것이라고 강조한다. 당시 독일 태생의 작곡가 쿠르트 바일의 뮤지컬에서 영감을 받은 영화들은 독일이 아닌 미국에서 촬영되었다. 아바 가드너가 〈스피크 로Speak Low〉라는 곡을 노래하는 〈원 터치 오브 비너스One Touch of Venus〉(윌리엄 A. 세이터, 1948)가 그 사례다. 〈로슈포르의 숙녀들Les Demoiselles de Rochefort〉(자크 드미, 1967)은 〈피닉스〉 촬영을 위한 준비 '세미나'의 중요

• https://www.epd-film.de/meldungen/2014/die-historie-muss-ein-geheimnis-bleiben 참조.

크리스티안 페촐트

폭스바겐 공장 굴뚝을 담은 두 시선

빔 벤더스의 〈시간의 흐름 속으로〉

크리스티안 페촐트의 〈볼프스부르크〉

자크 드미의 〈로슈포르의 숙녀들〉에서 춤추는 병사들

한 부분이었다. 더 이상 국가사회주의 시대의 할리우드적 재구성에 머물지 않는 영화, 전쟁과 사랑, 쿠르트 바일의 음악(〈스피크 로〉는 〈피닉스〉의 라이트모티프다)과 카바레 의상의 반짝이는 붉은색을 혼합하는 대담함을 지닌 영화. 페츨트는 독일영화의 미래와 쇄신을 이렇게 구상했다.

"영화는 미래이지만 항상 과거를 본다"라고 페츨트는 독일어로 발행된 긴 인터뷰에서 선언적으로 말했다.[•] 이 말에서 페츨트는 우회적으로 철학자 발터 벤야민을 참조한다. "클레가 그린 〈새로운 천사Angelus Novus〉라는 작품이 있다. 이 그림은 무언가를 응시하다가 곧 떠나려는 듯한 천사를 묘사한다. 천사는 눈을 크게 뜨고 입을 벌리고 날개를 펼치고 있다. 이것이 바로 역사의 천사의 모습이다. 그의 얼굴은 과거를 향한다. 일련의 사건이 우리 앞에 출현하는 곳에서 그는 하나의 유일한 재앙만을 보고, 끊임없이 파멸을 쌓아 올려 발 앞에 던진다. 그는 남아서 죽은 자들을 깨우고 해체된 것들을 다시 조립하고 싶어 한다. 그러나 천사가 더 이상 날개를 닫을 수 없을 정도로 격렬한 폭풍이 하늘에서 불어온다. 이 폭풍은 천사가 등을 돌린 미래를 향해 수없이

[•] Bernd Stiegler·Alexander Zons(eds.), "Das Kino ist die Zukunft, aber es schaut immer zurück: Ein Gespräch", *Augenblick*, 75·76, Schüren, 2020.

빨간 드레스를 입은 가수

자크 드미의 〈로슈포르의 숙녀들〉

크리스티안 페촐트의 〈피닉스〉

그를 밀어붙이고, 눈앞의 폐허 더미는 하늘로 솟아오른다. 우리는 이 폭풍을 진보라고 부른다."[•] 페촐트에게 이 천사는 영화다. 즉 모든 것이 너무 빠르게 움직인다는 사실에 끔찍하게 고통받고 끊임없이 뒤를 돌아보는 영화. 페촐트의 두 편의 역사영화(영화가 촬영되는 시대와 다른 시대를 배경으로 하고 있다는 의미에서)가 클레의 그림 또는 그 그림에 대한 벤야민의 해석을 명시적으로 언급하고 있다는 점에 주목한다면 이 문제가 페촐트에게 얼마나 중요한 일이었는지 알 수 있다. 〈피닉스〉에서 넬리의 병실 벽에는 〈새로운 천사〉의 복제품이 걸려 있다.

마찬가지로 〈바바라〉가 가장 자주 재현한 이미지 중 하나는 자전거를 탄 주인공이 뒤를 돌아보면서도 바람에 밀려 앞으로 나아가는 모습이다. 역사의 천사이자 영화의 천사인 바바라는 과거를 바라보는 것을 두려워하지 않고 미래를 향해 나아가는 새로운 영화의 화신으로, 독일을 기원의 장소로 선언한다.

*

•   Walter Benjamin, "Sur le concept d'histoire", *Œuvres III*, Gallimard Folio, 2000, p. 434.

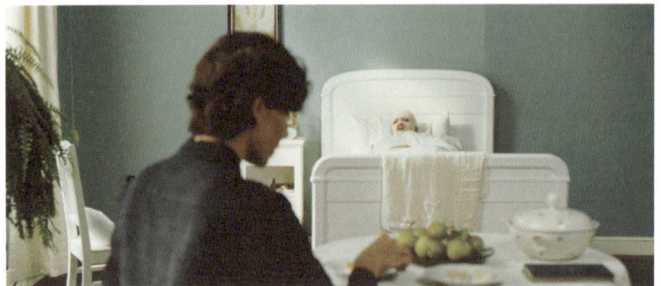

〈피닉스〉, 넬리를 지켜보는 〈새로운 천사〉

〈바바라〉

© Schramm Film, photo: Christian Schulz

이 인터뷰에서 페촐트는 그가 역사 및 지리와 맺고 있는 관계, 독일과 독일 이야기의 구조를 만드는 상상의 강, 1970년대 뉴저먼시네마 감독들의 영화와 1960년대에서 1970년대 독일 지방에서 보냈던 유년 시절의 영화들이 불러일으키는 감정에 대해 이야기한다. 내셔널 시네마라는 개념에 대한 성찰을 이어가면서 독자들은 이 장의 마지막에서 프리츠 랑의 〈벵골 호랑이Der Tiger von Eschnapur〉(1959)와 〈힌두 무덤Das indische Grabmal〉(1959)에 관한 페촐트의 글을 발견할 수 있을 것이다. 바이마르공화국에서 가장 유명한 시네아스트였던 프리츠 랑이 1950년대 후반 독일에 돌아와 인도로 눈을 돌린 이유는 무엇이었을까?

첫 번째 대화

사람들은 때로 당신을 베를린파로 알려진 뉴저먼시네마의 리더로 명명합니다. 이 이름표의 적합성이나 실제 존재 여부를 논의하려는 것은 아닙니다. 게다가 당신은 이 주제를 두고 이미 두 동료 시네아스트와 이메일로 많은 대화를 주고받기도 했고요. 이 용어가 당신의 영화와 당신이 뿌리를 내리고 있는 지역에 대해 말해주는 것이 무엇인지를 물어보고 싶어요. 당신은 '독일 시네아스트'인가요?

르누아르가 이렇게 말한 것으로 기억합니다. 미국 목수가 프랑스 목수를 만나면 미국이나 프랑스에 대해 이야기하지 않고 나무와 기술에 대해 이야기한다고요. 시네아스트도 마찬가지입니다. 심사위원으로 참석한 영화제에서 프랑수아 오종과 같은 다른 동료들을 만나면 영화에 대해 이야기할 뿐입니다. 꼭 독일영화가 아니더라도 제 국적은 제

시각을 형성한 영화를 말할 때 중요한 역할을 합니다. 고다르의 〈알파빌Alphaville〉(1965)이나 로셀리니의 〈독일 영년Germania anno zero〉(1948)이 제게 큰 영향을 미친 건, 분명 이 작품들이 독일에 뿌리를 둔 영화였기 때문일 겁니다. 한편으로 저는 아는 것만 보여줄 줄 안다는 점에서 확실히 독일 시네아스트입니다. 저는 아는 게 별로 없어요……. 제가 알고 있는 곳은 여기 독일이라는 나라지요. 그리고 무엇보다도 저에게 매우 중요한 언어를 잘 알고요.

당신의 영화는 어떤 면에서 독일 이야기를 전달하고 있나요?

저는 독일인이고 1960년대 초에 태어났습니다. 이건 상상할 수 있는 가장 거대한 억압의 이야기 속에서 제가 성장했다는 것을 의미합니다. 어마어마한 잘못, 독일 파시즘이라는 심연이 있었죠. 사람들은 이 잘못된 역사를 억누르려고 했어요. 저는 영화를 통해 그 기원으로 거슬러 가보려고 하죠. 내러티브의 관점에서 거짓말과 억압은 흥미로운 것들이에요. 해결할 수 없는 상황에 처한 사람들은 종종 자신에게 내러티브를 구성해주고, 마침내 그 내러티브를 믿게 되죠. 저는 사람들이 잘못을 저지르고 나서 자신이 잘못했다는 사실을 깨닫고, 자신에게 면죄부를 부여하는 담론을 만드는 순간에 집중하고 싶어요. 예를 들어, 〈피닉스〉의 남자 주인공은 자신이 밀고했다는 사실을 억압할 필요를 느끼죠. 그래서 그는 아내를 알아보지 못합니다. 바바라의 경우엔, 자신의 권리를 너무나 강하게 확신하는 탓에 동독에서 가질 수 있는 아름다움에는 전혀 관심을 기울이지 않습니다. 그녀는 자신이 자란 곳에서 머물며 일하는 것 역시 자신의 의무이고, 서방으로의 도망이 해결책이 아니라는 사실을 잊어버립니다. 제가 관심을 두는 것은 거짓말의 시초에 도달하는 일이에요.

독일에서 영화는 특별한 역할을 하나요? 특히 기억이라는 문제와 관련해서요.

독일은 에른스트 루비치의 코미디, 에드가 울머의 필름 누아르, 더글러스 서크의 멜로드라마, 프리츠 랑의 모든 영화 등 한 세대 전부 그리고 그 세대와 관련된 장르 전부를 잃어버렸죠. 이 손실은 돌이킬 수 없고 또 우리가 결코 되찾을 수 없는 어떤 것이에요. 제가 1970년대 감독들에게서 아름답다고 느끼는 건 이들이 이 상실을 다루고 있다는 점이에요. 빔 벤더스, 라이너 베르너 파스빈더, 장마리 스트라우브, 그리고 당연히 제가 걸작으로 꼽는 〈아니타 G Abschied von gestern〉•의

• 　1966년작인 이 영화의 독일어 제목은 '어제여 안녕'이라는 뜻을 가지고 있다.

알렉산더 클루게 같은 이들이요. 영화는 상실을 의식하고 주제로 삼을 때 다시 도약할 수 있습니다.

영화가 생산하는 이미지는 아카이브 영상이나 뉴스 보도와 다를까요?

텔레비전이 선호하는 것은 대중에게 역사적 사건을 소개하고, 대중이 마치 그 현장에 있는 듯한 느낌을 주는 것이죠. 텔레비전은 재구성합니다. 나폴레옹의 군사작전부터 로미 슈나이더의 마지막 밤까지요. 당신은 슈나이더가 태운 마지막 담배가 이미 멈춘 그녀의 손에서 천천히 연소되는 것을 보게 될 겁니다. 이건 종종 역겨운 일이지만, 텔레비전은 우리가 이미지를 가지고 있지 않은 이런 사건을 픽션으로 구성하기를 좋아하죠. 텔레비전은 이미지를 포기하지 못해요. 이미지가 없으면 텔레비전은 그걸 만들어냅니다. 이건 자료도 픽션도 아닌 그 사이의 어떤 것이에요.

제 친구이자 동료인 하룬 파로키는 그런 것을 싫어했습니다. 그의 다큐멘터리 〈베스터보르크 수용소Aufschub〉(2007)는 이러한 관행에 완전히 반대되는 영화입니다. 이 영화는 강제수용소에 관한 영화입니다. 수용소 해방 당시의 영상은 남아 있지만 수용소에서 촬영한 영상은 남아 있지 않죠. 강제수용소로 추방되기 전 단계인 환승 수용소였던 네덜란드의 베스터보르크 수용소를 제외하고는 말입니다.

나치에게 이 수용소는 일종의 전시 모델이었어요. 수감자들은 그곳에서 강제로 영상을 촬영해야 했습니다. 엄밀히 말하면 이 영상은 선전용이 아니라 당 간부들과 동조자들에게 보여줄 일종의 '소개 영상'이었습니다. 하룬의 영화는 이 영상을 사용합니다. 영상에서 우리는 여러 금속, 합성수지 등을 회수하려고 낡은 케이블과 물건들을 다루는 모습을 볼 수 있습니다. 강압적으로 촬영된 이 이미지들은 분명 오해의 여지가 있습니다. 베스터보르크는 '단순한' 환승 수용소였기 때문에 이 영상이 담아낸 것은 강제수용소의 현실과 같지 않아요. 그럼에도 불구하고 파로키의 영화는 다음과 같은 가설을 세웁니다. '우리는 원자재 착취를 위해 강제 노동을 하고 있는 사람들의 이미지에서 이미 최악의 상황을 읽어낼 수 있습니다.' 우리는 뒤따를 **착취**, 곧 인간과 인체에 대한 역겨운 착취를 이미 이 이미지에서 읽어낼 수 있습니다. 영화는 관객이 수행하는 이러한 분석에 기댑니다. 이런 의미에서 영화는 현존하고 있는 관객을 가정하고, 그래서 언제나 현재와 결합합니다.

〈트랜짓〉에서 감독님은 동시대 배경에서 영화를 연출하면서 1942년의 이야기와 현재를 결합합니다. 제거스 소설의 영화화 프로젝트는 원래 하룬 파로키의 것이었죠. 1966년에 이미 베를린영화텔레비전아카데미에 입학

크리스티안 페촐트

시험용으로 제출했을 정도로 마음속에 오랫동안 간직하고 있던 작품이었어요⋯⋯. 당신은 파로키가 사망한 직후에 〈트랜짓〉을 만들고 그에게 작품을 헌정했어요. 그가 만들 시간이 없었던 영화를 만든 것인가요?

하룬은 제 가장 친한 친구였고 지금도 그렇죠. 그는 종종 자신이 못 만드는 영화, 특히 극영화를 제가 만들어야 한다고 말하곤 했어요. 하룬에게 영화란 편집 테이블에서 만들어지는 것이에요. 테이블 위에서 그는 세상을 잘라내고 재조립해서 영화의 세계를 만들었습니다. 하지만 우리가 미장센이라고 부르는 것, 특히 배우와의 작업은 그가 잘하는 일이 아니었죠. 그는 제 연출에 감탄했고 저는 그의 편집 아이디어에 감탄하며 우리는 매우 유익한 교류를 나눴습니다. 제 영화의 많은 것은 하룬에게서 왔습니다.

『통과비자』는 그가 가장 좋아하는 책이었습니다. 실제로 그는 베를린영화텔레비전아카데미 입학시험에서 이 소설을 원작으로 한 프로젝트를 제출했습니다. 이후, 1977년 그의 친구 잉게모 엥스트롬은 게르하르트 테어링과 함께 소설의 전반부만 다룬 "마르세유로의 도망Fluchtweg nach Marseille"이라는 제목의 첫 번째 각색본을 만들었습니다. 하룬은 이 프로젝트를 실현하려 했지만 계속해서 완전하게 각색하고 싶어 했어요. 임종 무렵에도 여전히 각색 작업 중이었던 것으로 알고 있습니다. 이 역사물에는 하룬이 잘 다루지 못했던 무언가가 있었습니다.

 하룬이 죽었을 때 저는 〈피닉스〉를 막 끝낸 상태였어요. 그리고 저는 역사영화는 이제 그만이라고, 더 이상 만들고 싶지 않다고 저 자신에게 말했죠. 우리 시대는 더 이상 과거와 맞지 않아요. 하지만 감정의 본성은 계속 부합합니다. 새로운 사회의 모든 관계 속에서 오래된 감정을 경험하는 일이 현대사회를 삐걱거리게 만들기도 합니다. 우리에게는 데이트 앱이 있지만 순결한 사랑을 꿈꿉니다. 우리의 세상은 근본적으로 동기화되지 않는 것이죠. 이러한 간극이 영화에서 흥미로운 이유는 몽타주라는 개념과 연결되기 때문입니다.

 요컨대, 하룬이 세상을 떠났을 때 〈트랜짓〉 프로젝트는 잠시 보류되었습니다. 이어지는 몇 달 동안 저는 아들과 함께 캘리포니아로 여행을 떠났습니다. 어렸을 때부터 꿈꿔왔던 여행이에요. 안토니오니의 〈자브리스키 포인트Zabriskie Point〉(1970)를 따라 배낭여행을 떠나는 것 말이죠. 솔직히 말해서 아들은 저와 함께 이 순례길을 걷는 것을 별로 좋아하지 않았어요. 50도의 날씨에 사막을 1킬로미터 걷고 나니 아들은 호텔로 돌아가고 싶어 했어요. 그때 차 안에 한동안 놔두었던 제 컴퓨터가 고장 났다는 사실을 알아챘어요. 하드드라이브가 녹아내린 거죠! 그리고 그때 작성했던 영화의 초

크리스티안 페촐트

안과 스케치도 함께 사라졌죠. 제가 〈트랜짓〉을 위해 준비한 보잘것없는 시작 부분이 '깨달음'과 '계시'의 사막인 트웬티나인 팜스Twentynine Palms°에서 녹아내렸어요……. 그 순간 저는 프로젝트를 처음부터 다시 시작해야 한다는 것을 깨달았어요. 그리고 이 각색과 관련하여 제가 처한 아포리아에서 벗어나게 할 수 있는 것은 비동기화의 아이디어라는 것을 깨달았습니다. 저는 스튜디오 영화가 아니라 소설의 시대와 우리 시대를 병치하는 영화를 만들려고 했어요. 상황과 맥락은 다르지만 감정(이주민의 감정, 이주민에 대한 원주민의 감정……)은 동일하죠.

저는 미국영화의 거창한 세트를 좋아합니다. 제가 콜로세움의 커크 더글러스°°를 좋아하는 이유는 제가 이 사람이 할리우드의 콜로세움 세트 속 커크 더글러스라는 것을 알고 있기 때문이죠. 미국영화는 웅장하게 거짓말하는 방법

○ 사막은 유대교, 기독교, 이슬람교 예언자가 시련을 겪고 계시를 받는 장소다. 이에 더해 웨스턴영화를 포함한 미국영화에서 사막은 미국적 풍경을 대표한다. 페촐트가 언급하는 트웬티나인 팜스 사막은 미국 남서부의 사막지대로 안토니오니의 영화 〈자브리스키 포인트〉에서 도시 공간과 대비되는 자유의 공간으로 나타난다. 풍경의 정서와 신비를 바탕으로 한 다수의 작품을 연출한 브르노 뒤몽 역시 〈트웬티나인 팜스Twentynine Palms〉(2003)에서 이 사막을 포착한다.
○○ 1950년대와 1960년대 미국영화를 대표하는 배우. 커크 더글러스가 강렬한 인상을 남긴 역사영화 중 하나는 로마 검투사의 반란을 이끈 인물을 연기한 스탠리 큐브릭의 〈스파르타쿠스〉(1960)다.

을 알고 있습니다. 하지만 저는 미국 시네아스트가 아닙니다. 제 위치는 항상 현재에 있고, 저는 이 사실을 숨기려고 하지 않습니다.

〈운디네〉에서 당신은 도시 베를린의 두 가지 모형을 찍으면서 그러한 '거창한 세트'의 결을 거스르고 있습니다. 여기서 모형은 '거창한 세트'와 반대되는 개념입니다. 크기 측면에서도 그렇지만, 미니어처 세트를 실제 크기로 눈속임하기 위해 클로즈업으로 촬영하는 다른 영화의 방식과 달리 전체적인 모습을 보여주는 구상의 측면에서도 그렇죠. 어떤 의미에서 당신은 역사영화의 인위성을 해체하고 있으며, 이건 어쩌면 '현재'의 위치를 주장하고 드러내기 위한 것일지도 모릅니다.

이 모형들은 박물관이 아니라 주택 및 도시 개발을 전담하는 베를린시의 행정 사무실에 전시되어 있는 것이라는 점에서 매우 흥미롭습니다. 이 모형에는 시민들에게 도시가 어떻게 변화하고 무엇이 건설되는지 등을 보여주기 위한 정보 제공 및 교육적 기능이 있습니다. 특히 한 모델은 동독으로 거슬러 올라갑니다. 이 모델은 다른 모델과는 조금 다릅니다. 뭔가 자부심을 가지고 있습니다. 이렇게 적혀 있어요. "우리가 한 일을 보시오." 새로운 모델, 즉 현재의 모델은 이와 반대로 이렇게 말합니다. "앞으로 도래할 것을 보시오. 우리는 신자유주의의 요구에 복종해야 하고, 유연해져야 할 것

〈운디네〉 속 베를린의 상이한 모형들

입니다. 하지만 모든 것이 잘될 것이니 걱정하지 마시오." 이 모형은 순전히 기능적이기 때문에 다소 보기 흉하게 생겼습니다. 반면 동독의 모델은 작은 디테일로 가득 차 있습니다. 사회주의가 역사의 전투에서 승리했고, 모든 사람에게 집을 제공했으며, 위대하고 아름다운 무언가를 건설했다고 주장합니다. 저는 신화적 인물인 운디네가 사회주의의 박물관적 관점과 자본주의의 상업적이고 기능적인 관점이라는 완전히 반대되는 두 가지 역사 사이를 오간다는 사실이 마음에 듭니다.

영화에서는 특히 베를린성이라는 유적에 대해 자세히 설명합니다. 제1차 세계대전이 끝날 때까지 호헨촐레른 Hohenzollern **가문의 주요 거처였던 이 성은 제2차 세계대전 중 폭격을 받았고, 폐허 위에 '공화국 궁전'을 지은 동독에 의해 파괴되었으며, 최근 바로크양식으로 재건되었어요. 이곳에는 비유럽 문화 전문 박물관인 '훔볼트 포럼**Humboldt Forum**'이 있습니다. 앞서 언급한 러브신에서 운디네가 들려주는 것이 바로 이 건물의 이야기죠. 이 유적은 영화에 어떤 상징성을 부여하나요?**

운디네는 발표하면서 현대건축의 유명한 원칙 중 하나가 **"형태는 기능을 따른다"**라는 점을 상기시킵니다. 하지만 훔볼트 포럼은 정반대의 논리를 따릅니다. 바로크양식의 박물관(안에 상점들이 있다는 점을 간과해서는 안 되니 쇼핑센터라고 해야 할 수도 있습니다)이 지어졌죠. 마치 현대는 더는 자신의 고유한 형태를 발명할 수 없는 것처럼, 마치 현대 독일 자본주의는 진보라는 개념 자체를 포기한 것처럼 보입니다. 베를린이 타임루프에 갇혀 있다는 것을 인정하는 것 같습니다. 운디네도 루프에 갇혀 있다는 점이 제게 흥미로웠습니다. 신화는 그녀에게 동일성의 영원회귀라는 형벌을 내렸습니다. 한 남자에 의해 물 밖으로 불려 나온 그녀가 불륜을 저지른 그 남자를 죽이고, 다음 남자가 그녀를 다시 나오게 할 때까지 물속으로 돌아가는 똑같은 일이 영원히 반복됩니다. 제 영화에서 운디네는 이 고리를 끊고 싶어 합니다. 그녀는 진보의 가능성을 주장합니다. 물론 이것을 정치적 발언으로 볼 수도 있습니다. 하지만 솔직히 말해서 두 배우가 아름다운 러브 스토리에 생명을 불어넣는 데 성공해서 저는 제 영화의 정치적 함의를 모두 잊어버렸습니다!

운디네 신화는 분명히 수중 요소와 관련됩니다. 이는 수면 위로 나타나는 건축 모형과는 반대되는 것일 수 있습니다. 일반적으로 물은 당신 영화에서 항상 중요한 상징적 역할을 해왔습니다. 이런 영화 중 대부분은 강둑(〈옐라〉), 수영장 또는 바다(〈볼프스부르크〉 〈열망〉 〈바바라〉)에서 시작하거나 끝납니다.

강은 독일에서 매우 중요한 지리적, 정치적, 문화적 요소입니다. 강에는 크게 두 가지 유형이 있습니다. 라인강(장 비고가 영화 〈라탈랑트L'Atalante〉(1934)를 촬영했던 강)과 같이 우리가 항해하는 강이 있고 국경을 상징하는 강이 있습니다. 저는 두 번째 종류의 물줄기, 스틱스Styx인 부퍼강 유역에 있는 부퍼탈 출신입니다. 독일에는 "부퍼를 건너다"라는 표현이 있는데 이는 '죽는다'라는 뜻입니다. 부퍼탈에서 서쪽으로 조금 더 가면 뒤셀도르프와 라인강이 있습니다……. 그래서 저는 한편으로는 항해의 가능성, 다른 한편으로는 여정의 끝이라는 두 가지 상상의 강 사이에서 자랐습니다. 이건 제 영화를 관통하는 주제이지만 〈운디네〉를 촬영하면서 아주 최근에야 깨달았어요.

〈운디네〉 이전에는 물가에 머물렀습니다. 예를 들어 〈트랜짓〉은 물가에 위치한 항구도시 마르세유를 배경으로 합니다. 〈운디네〉에서 당신은 물이라는 원소 세계 속으로 뛰어들게 됩니다. 픽션의 원리를 성찰하는 하나의 방법이었을까요? 당신의 작업에서 물은 픽션이 시작되고 끝나는 곳, 영화의 최전선인가요?

운디네는 특히 흥미로운 신화 또는 설화입니다. 이 신화는 프랑스 위그노족과 상업 여행자들을 통해 독일에 전해졌고, 이후 그림 형제(그리고 다른 많은 사람)에 의해 다뤄졌습니다. 신화는 강물처럼 시간과 공간 속으로 구불구불

크리스티안 페촐트

흐르고, 또 변모합니다. 신화는 집단의 발명품입니다. 문학보다는 집단 예술인 영화에 훨씬 더 가깝습니다. 이 오랜 전통의 끝에 처음으로 관점을 뒤집어 운디네를 말하게 하는 잉에보르크 바흐만의 텍스트[*]가 나타났습니다.

그리고 당신은 영화로 이 신화를 다시 프랑스에 가져왔어요……. 사실 저는 프랑스 도시 속 〈운디네〉의 시각적 존재감이 당신에게 큰 감동을 주었다고 생각해요. 저는 2022년 앙제프르미에플랑영화제 Festival Premiers Plans d'Angers**에서 진행된 감독님 회고전을 떠올리고 있는데요. 〈운디네〉에서 뽑은 이미지로 제작한 포스터를 어느 길거리에서나 볼 수 있었어요.**

아마 약간의 허영심이 있었을 거예요. (웃음) 하지만 도시 한가운데 물에서 한 여자가 나오고, 그 과정에서 도시와 도시의 분위기가 변화한다는 점, 바로 그 모티프가 저에게 정말 매력적이었어요. 현대 도시 속에 존재하는 고대 신화, 부활이 바로 〈운디네〉의 주제입니다! 영화제 포스터는 이 영화가 거의 현실이 되도록 해주었어요. 또한 밤에 수영장의 불을 밝히는 것은 항상 특정한 효과를 약속한다고 생각합니다. 부유한 사람들은 수영하기 위해 수영장을 짓지 않

[*]   Ingeborg Bachmann, "Ondine s'en va", *La Trentième Année*, Seuil, 2010.

습니다. 그들은 이런 조명 그리고 럭셔리, 바캉스, **풀 파티** 등 수영장과 관련된 모든 대표적인 이미지를 즐기기 위해 수영장을 짓습니다. 오늘날 도시를 걷다 보면 보이는 이미지의 90퍼센트가 광고입니다. 2022년 1월, 당신이 앙제에서 걷고 있었다면 조명이 켜진 수영장의 청록색 물속에서 한 여성이 나오는 이미지를 볼 수 있었을 겁니다. 분명 매우 아름답지만 모델처럼 차려입지 않은 여인이요. 이건 호기심을 불러일으키는 일이었습니다. 여러분들은 한편으로는 포스터에서 광고풍의 색조를 발견할 거예요. 다른 한편으로는 이것이 무엇을 광고하고 있는지 알아챌 수 없었을 것이고요.

앙제에서의 영화제 개막 연설에서 도시의 정치인들은 지방 부르주아를 다루는 샤브롤 영화에서나 나올 법한 말을 했습니다. "영화가 없는 도시는 도시가 아닙니다. 프랑스에서 영화는 우리가 공공장소라고 부르는 것의 일부입니다. 장뤽 고다르가 〈마리아에게 경배를Je vous salue, Marie〉(1985)을 만들었을 때 독일 기자들까지 파리를 방문해 이 영화의 흥행을 보도할 정도로 큰 스캔들이 일어났습니다. 영화관 밖에서 인터뷰한 관객 중 한 명이 "신성모독일지 모르지만 빛이 정말 멋졌어요!"라고 말했던 게 기억나요. 그게 프랑스인이죠. (웃음) 어쨌든 우리 시대로 돌아와서, 저는 앙제

크리스티안 페촐트

에 여러 아름다운 영화관과 '잔 모로' 거리, '세르클 루즈'°
라는 바가 있다는 점이 마음에 들었습니다. 프랑스에는 영
화관이 흔하죠. 독일에는 그렇지 않아요.

°   장 피에르 멜빌의 1970년작 영화 제목. 국내에는 〈암흑가의 세 사람〉으로 알려져
      있다.

〈운디네〉의 현전

앙제의 대극장 그랑 테아트르

환생의 땅의 좀비들•

크리스티안 페촐트

마지막 영화 두 편을 위해

독일에 돌아왔던 프리츠 랑은

곧바로 인도로 눈을 돌렸다.

"더욱더 강한 흡입력. 더욱더 강렬하다. 더욱더 웅장하다."〈벵골 호랑이〉의 끝에 큰 글씨로 등장하는 이 문구는 두 번째 파트인 〈힌두 무덤〉을 광고하는 것이다. 텔레비전에서 방영된 버전에서는 이 광고를 볼 수 없었다. 새로운 DVD 에디션은 원본 네거티브필름을 랑이 가장 좋아했던 포맷인 1:1.33으로 디지털화했다. 우리는 마침내 촬영감독 리하르트 앙스트의 색채와 광채, 장엄한 데이포나이트°를 볼 수 있게 되었다. (…)

• 《카르고》, 10호, 2011, 60~61쪽. 다음 주소에서 원문을 읽을 수 있다. https://www.
   cargo-film.de/heft/10/film/spielfilm/zombies-im-land-der-wiedergeburt/

○ 데이포나이트는 렌즈에 필터를 사용하거나 노출을 조정하여 낮에 찍은 장면을 밤
   처럼 보이게 하는 기술이다.

더 강한 흡입력, 더 강력하고……. 이 말은 아마도 2부작 중 두 번째 작품에 대한 광고이기보다는 제작자의 소망 표현일 것이다. 자, 파시즘 이후 14년이 지난 지금, 이제 새롭게 시작할 수 있을 것이다. 우리는 망명했던 사람들을 찾아낼 것이고, 나치가 모든 것을 파괴하고 뒤틀고 타락시키기 전, 우리가 중단했던 곳에서부터 다시 출발할 수 있을 것이다.

아체 브라우너•는 바이러스에 감염되듯 이 프로젝트에 감염되었고, 여기에 계속 사로잡혀 있었지만 위대한 영화의 재발견이라는 프로젝트의 의미를 의심스럽게 여겼다. 그처럼 이 글자들은 거창하다. 이 바이러스와 함께 탄생한 두 프로젝트 중 첫 번째가 바로 랑의 작품이다. 그리고 두 번째 프로젝트가 탄생하는데, 그건 로버트 시오드맥의 〈로마 정복 Kampf um Rom〉(1968, 1969)°으로, 여기서도 리하르트 앙스트가 촬영감독으로 참여한다.

- 아체 브라우너로 알려진 프로듀서 아르투르 브라우너는 (이 글이 작성된 후인) 2019년에 100세가 넘는 나이로 사망했다.
○ 로버트 시오드맥의 1968년작으로 프랑스에서는 〈Pour la conquête de Rome〉으로 미국에서는 〈Fight for Rome〉으로 소개되었다. 로마 제국의 몰락에 관한 이야기를 다룬다.

크리스티안 페촐트

50년이 지난 오늘날에도 아데나워° 시대의 이 전형적인 바이러스는 계속해서 그 영향력을 떨치고 있다. 양면성을 가진 이 바이러스는 이제 텔레비전으로도 확산되었다. 하지만 오늘날 전설이라는 후광을 다시 얻을 옛 망명자는 더 이상 존재하지 않는다. 더는 스타도 없다. (…)

돌아온 사람들의 영화 회고전 조직에 대해 생각해보아야 할 것이다. 그리고 돌아오고 싶어 하지 않았던 사람들의 영화에 대해서도 생각해보아야 한다. 그리고 남아 있었던 사람들의 영화에 대해서도.

빌 트렘퍼°°가 프리드리히 슈트라세역에서 교통 단속을 하던 경찰 친구에 대해 들려준 적이 있다. 그 맞은편에는 영화제작사가 있었는데, 아마 제작사 네로°°°였을 것이다. 그 경찰관은 영화를 좋아해서 제작자 시모어 네벤잘이 나타날 때면 유심히 지켜보곤 했다. 매일 아침 첫 업무를 마친 네벤잘은 시가를 피우며 도시와 교통 상황을 바라보기 위해 회사 문 앞에 나가곤 했다. 그러면 경찰관은 근무 중인

° 1949년~1963년 독일연방공화국 제1대 총리를 역임했다.

°° 독일의 영화감독이자 각본가, 저널리스트로 대표 연출작 〈끝없는 밤Die endlose Nacht〉 (1963)은 독일영화상Bundesfilmpreis을 수상했다.

°°° 20세기 초 바이마르공화국 시기 독일 영화제작사 Nero-Film AG를 뜻한다. 게오르그 빌헬름 파브스트와 프리츠 랑 등의 영화를 제작했다.

자리를 잠깐 이탈해 영화에 대한 사랑으로 네벤잘에게 불을 붙여주러 갔다.

어느 날 시모어 네벤잘이 부상을 당했다. 얼굴과 팔에 상처가 생겼다. 시사회 중인 헤르만 광장의 노이에 벨트 영화관에 나치친위대가 난입해 유대인인 그를 구타했기 때문이다. 그날 아침 네벤잘은 경찰관에게 얼마를 버는지 물었다. 네벤잘은 그에게 두 배의 월급을 주겠다고 하고 그를 경호원으로 고용했다. 경찰관은 그 자리에서 제복과 교통정리를 포기했다. 그는 필름을 가득 보관하고 있는 창고를 기대했지만 텅 빈 모습에 실망했다. 네벤잘은 "제작사의 창고는 원래 이래야 합니다"라고 말했다. 얼마 지나지 않아 그들은 미국 할리우드로 도망쳐야 했다. 그들은 새로운 회사를 설립했고, 경찰관은 프로듀서의 일을 배웠다.

네벤잘과 달리 이 경찰관은 1940년대 후반에 베를린으로 귀국했다. 그는 큰돈을 벌었다. 더 이상 영화는 만들지 않았다. 그는 쿠르퓌르스텐담*中 중심의 대형 빌딩에서 자동차 대리점을 운영했다. 빌 트렘퍼는 그곳에서 〈플레이걸 Playgirl〉(1966)의 몇 장면을 촬영했다. 독일에도 누벨바그에

●   서베를린을 가로지르는 주요 쇼핑 거리.

크리스티안 페촐트

상응하는 무언가가 존재할 수 있다고 꿈꾸는 영화. 현재에 뿌리를 두고 공기와 빛, 신체와 음악을 발견하는 영화. 파울 헵슈미트(〈벵골 호랑이〉의 엔지니어이자 〈힌두 무덤〉의 모험가) 의 연기가 이 속에서 펼쳐진다. 이 영화에서 에바 렌치는 그 를 뒤흔든다. 하지만 무엇보다도 이 새로운 영화 만들기가 그를 동요하게 한다.

〈벵골 호랑이〉 도입부에서 헵슈미트는 비장소에 있다. 그는 도시 밖도 도시 안도 아닌, 입구가 있는 대문 옆 성벽 앞에 앉아 있다. 그의 눈앞에서 상품과 사람, 모든 것이 흘러 간다. 아이들은 어색해 보이는 그를 쳐다보고, 그는 몸 둘 바 모른 채로 있다. 아이들은 웃는다. 헵슈미트는 마하라자°의 명령을 받고 에슈나푸어에 가서 병원과 학교라는 모더니티 를 세울 건축가다. 하지만 우리는 그가 일하는 모습을 보지 못한다. 그는 모형들을 장난감 보듯 바라본다. 그는 모험에 대한 갈증을 가지고 있다. 언뜻 보면 이 영화의 주제는 사랑 과 모험이다. 하지만 진짜 주제는 건축이다. 영화에는 통로, 아치형 지하실, 미로 같은 지하실, 지하 비밀 사원이 가득하 다. 우리는 새롭고, 객관적이고, 투명한 무언가를 세워야 한

○   '대왕'을 뜻하는 산스크리트어. 주로 인도 문화권에서 사용된 용어이다.

다. 오래된 것, 신화적인 것, 비밀스러운 것은 그 지하 밑바닥에 깔려 있다. 영화는 이런 것을 훌륭하게 보여준다. 감독은 헵슈미트가 자신을 잃어가는 모습을 지켜본다. 몸이 굳어버린 늙은 모험가. 그는 몇 년 후 리우데자네이루에서 모험을 떠나는 [필리프 드 브로카의 1964년작 〈리오의 사나이 L'Homme de Rio〉의] 벨몽도와는 전혀 다르다. 벨몽도 역시 달리고, 도망친다. 그는 건축물을 가로질러 도망 중이다. 하지만 그의 신체는 젊다. 이 신체 속에 프랑스영화의 현재인 파리 거리의 삶이 고스란히 담겨 있다.

헵슈미트는 〈플레이걸〉에서도 건축가다. 악셀 스프링거 타워의 건축 현장에서 그를 볼 수 있다. 그는 멀리 동쪽을 바라본다. 이곳에서 그는 에바 렌치를 만난다. 이것은 러브 스토리다. 영화의 러브 스토리. 인생의 러브 스토리. 하지만 둘 중 누구도 더는 뉴저먼시네마에 모습을 드러내지 않을 것이다.

크리스티안 페촐트

생존자

단어만큼이나 이미지도 경계해야 한다. 이미지와 단어는 담론 그리고 의미의 네트워크로 짜여 있다. (…) 내가 할 일은 묻혀 있는 의미를 찾고, 이미지를 방해하는 잔해들을 치우는 것이다.

하룬 파로키

〈피닉스〉에는 한 여성에게 자신의 죽은 아내의 모습을 부여하려고 하는 남자가 있다. 단순히 닮은 점을 발견하는 데 그치지 않고 정체성이라 할 모든 것을 재창조하려 한다. 그는 죽은 줄로만 알았던 또는 죽어버렸길 바라던 아내가 넬리라는 것을 왜 알아보지 못했을까? 그러나 넬리 역시 친구가 전한 증거, 남편이 자신을 배신하고 나치에게 고발했다는 증거를 보지 않으려 하기 때문에 그 사실을 제대로 보지 못한다. 프랑스 작가 위베르 몽테예의 소설 『재의 귀환』을 각색한 〈피닉스〉는 탐정 플롯을 가지고 있는 소설을 '시선에 대한 명상'으로 바꾼 영화로, 정치적 주제와 영화적 주제를 모두 담아냈다.

등장인물의 맹목성은 독일에 대한, 수용소의 발각에 대한, 그리고 독일을 둘러싸고 있던 전체주의의 위협에 대한 1945년 국가의 눈멂을 반영하고, 이는 분명히 정치적이다. 알렉산더 클루게의 단편소설인 『사랑의 경험Ein Liebesversuch』[•]은 〈피닉스〉의 준비 작업에서 몽테예의 소설보다 더 중요한 역할을 했다고 한다. 이 소설에서 클루게는 아우슈비츠수용소에서 나치 의사들이 수행한 여성 생식력 실험에 대해 이야기한다. 의사들은 실험에 필요한 성교를 관찰하기 위해 두 명의 수용소 수감자를 카펫과 창문이 있는 개인 감방에 모이게 한다. 두 사람은 신체 접촉뿐 아니라 눈도 마주치지 않도록 방에 자리를 잡는다. 페촐트에게 『사랑의 경험』은 쇼아 이후 감정을 재구성할 수 있는지 묻는 이야기이다. 그러나 이 텍스트가 페촐트를 매료한 핵심적인 이유는 미셸 푸코가 『감시와 처벌』[••]에서 분석한 파놉티콘을 연상시키는 시선의 문제, 그리고 클루게가 고안한 장치의 정치적 차

[•]　Alexander Kluge, *Chronique des sentiments*: *Inquiétance du temps*, POL, 2018, p. 933~936.

[••]　푸코는 1975년 이 작품에서 영국의 개혁가 제레미 벤담이 감옥을 위해 고안한 파놉티콘 장치에 대해 한 장을 할애했다. 이 장치는 간수가 배치된 탑인데, 이 중앙 탑 주위에 원형으로 죄수들의 감방이 배열되어 있다. 빛은 죄수 쪽으로 들어와서 죄수를 실루엣으로 비추고, 죄수 쪽에서 일어나는 사건과 몸짓을 감시할 수 있다. 반면 죄수는 자신이 감시당하고 있는지 여부를 알 수 없다.

원이다.

하지만 이 영화는 정치적인 것 이상의 의미를 지니고 있다. 몽테예의 플롯을 통해 페촐트는 자신에게 거의 원형적 가치를 지니고 있는, 좋아하는 영화 중 하나인 앨프리드 히치콕의 〈현기증〉을 영화적으로 변주할 수 있었다. 페촐트에게 영향을 미친 하룬 파로키도 이미 「여성들의 반전Vertauschte Frauen」*이라는 제목의 글에서 히치콕의 영화에 대한 생각을 펼친 바 있다. 파로키는 특히 "나쁜 약혼녀"였던 존재가 어떻게 "진정한 사랑"이 되는지, 다시 말해 시뮬라크르가 어떻게 현실감을 만들어내는지 살펴본다. 그는 〈현기증〉의 구조가 영화적 과정(특히 동일시)의 본질을 다룰 뿐 아니라 영화 자체가 여러 가지 사회적 문제를 다루고 있음을 보여준다. 예를 들어, 그는 여성 인물의 변신과 전환을 추동하는 이가 항상 남성 인물이라는 점을 지적한다. 파로키의 이 텍스트는 캐릭터의 정체성이 항상 허구, 투사, 시뮬라크르인 페촐트의 필모그래피 전체를 해석하는 데 핵심적이다. 〈내가 속한 나라〉의 가족은 불법체류의 '전설'을 강요당하고, 〈죽은 남자〉의 여성 주인공은 살해된 여동생의 자리를 차지하며, 〈유령〉의 어

●   Harun Farocki, "Vertauschte Frauen", *Filmkritik*, 282, 1980, p. 274~279.

머니는 모르는 십대의 실루엣을 보고 딸이라고 믿고, 삶과 죽음 사이에 있는 〈옐라〉의 주인공은 존재 자체가 불확실한 데다,* 〈어파이어〉의 레온은 사르트르의 카페 종업원처럼 그가 되고 싶은 작가의 포즈를 취한다. 그러나 무엇보다, 히치콕이 했던 것처럼 자신의 환상에 부합하도록 여성의 외모를 변형하려는 남성의 의지를 찍었다는 점에서 〈현기증〉의 매트릭스를 가장 직접적으로 활용하는 것은 당연히 〈피닉스〉다. 페촐트는 이 과정에서 매우 현대적인 영화적 제스처를 취하면서 감독인 자신의 위치와 여성 인물의 관계를 숙고한다.

　독일어 제목이 알려주는 것처럼 그의 영화 중심에는 거의 항상 여성 인물이 있다. 〈바바라〉〈운디네〉〈옐라〉는 여성 주인공의 이름에서 제목을 따왔고, 〈파일럿〉과 〈페트라〉 (〈페트라〉의 독일어 원제인 "Die Beischlafdiebin"은 '당신과 육체적 관계를 나누는 동안 당신의 물건을 훔치는 여성'을 지칭한다)에서는 여성의 활동으로 주인공을 설명한다. 여성들은 이 활동에 기대어 여러 경제적, 사회적, 상징적 강제에서 해방되기를 희망한다. 페촐트의 영화에서 여성들은 억압받는 존재이기 때문이다. 예를 들어 이들은 현대의 프롤레타리아(〈볼프스부

●　　말테 하게너, 앞의 책, 159~171쪽.

르크〉〈열망〉) 또는 착취받는 서비스업 종사자(〈파일럿〉), 성매매 여성(〈페트라〉), 전체주의 체제의 희생자(〈피닉스〉〈바바라〉), 주변부로 내몰리는 청소년(〈내가 속한 나라〉〈유령〉), 남성적 재현에 속박당하는 이(〈운디네〉), 다시 말해 여성의 지적 능력을 인정하려고 하지 않는 남성에 의해 경멸받는 사람(〈어파이어〉)이다.

페촐트는 영화로 만들어진 첫 장편에서부터 주로 세 명의 여성 배우와 함께 작업했는데, 이 협업으로 페촐트 영화의 시기를 구분해볼 수 있다. 1980년에 태어났지만 2000년대 중반까지 젊고 반항적인 모습을 유지했던 율리아 후머는 페촐트의 '**성장 영화**'인 〈내가 속한 나라〉와 〈유령〉에서 여성 주인공을 연기했다. 그 후 니나 호스와 함께 12년간 파트너십을 유지하며 여섯 편의 영화를 찍은 성숙의 시기가 있다. 그중 2012년의 〈바바라〉와 2014년의 〈피닉스〉 두 편의 영화는 프랑스 관객들에게 페촐트와 배우를 모두 알리는 계기가 된다. 〈바바라〉 개봉 당시 영화감독이자 저널리스트인 악셀 로페르는 "기적을 창조한" 이 "무명 독일 여성 배우"의 재능을 강조했다. 로페르는 호스를 "꼿꼿한 자세와 격렬한 열정으로 미국영화의 비밀스러운 아름다움을 만들었던 여성들", 곧 〈미지의 여인의 편지Letter From An Unknown Woman〉(막스 오퓔스, 1948)의 조앤 폰테인, 〈잊을 수

없는 사랑An Affair to Remember〉(레오 맥캐리, 1957)의 데보라 커,
〈오명Notorious〉(앨프리드 히치콕, 1946)의 잉그리드 버그만과
비교한다.*

호스는 몇 년 후 한 인터뷰에서 이렇게 말했다. "감독들
이 저를 통해 독일에 대해 보여주는 한 가지가 있다면 그것
은 바로 통제라는 문제예요. (…) 독일인들의 통제라는 문
제는 이미 토마스 만의 『마의 산』에서 찾아볼 수 있어요. 담
요를 덮고 있을 때도 너무 뻣뻣한 이 사람들요……."** 니나
호스는 크리스티안 페촐트의 영화에서 그녀를 본 사람들
이 그녀에 대해 가지게 되는 이미지보다 덜 위협적이고 "스
크린에서 볼 때보다 (…) 육체적으로 더 젊다". 그녀는 프랑
스 비평가들에게 2000년대 독일 작가영화를 대표하는 얼굴
이 되었다. 그녀의 날렵하고 금욕적인 모습은 베를린파, 특
히 크리스티안 페촐트의 영화를 특징 짓는 형식적 능숙함
과 절제를 구체화하는 것이었다. 《리베라시옹Libération》에 따
르면 이 배우는 "마치 한때 한나 쉬굴라가 그러했던 것처
럼" 유럽이 품고 있는 "독일과 독일영화에 관한 어떤 관념"

•   Axelle Ropert, "Nina Hoss, enragée et sensible dans Barbara", *Les Inrockuptibles*, 15, 2012.
••   Laurent Carpentier, "Un apéro avec Nina Hoss", *Le Monde*, 12, 2019.

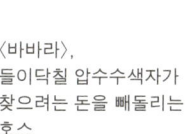

〈바바라〉,
들이닥칠 압수수색자가
찾으려는 돈을 빼돌리는
호스

〈오명〉,
열쇠를 훔치는 버그만

〈바바라〉,
앙드레를 찾는 호스가
풍경을 골똘히 바라본다

〈미지의 여인의 편지〉,
군중을 골똘히 바라보는
폰테인

을 구체화한다.[*]

　　니나 호스와 한나 쉬굴라를 이렇게 연결하는 것은 또 다른 관계를 시사한다. 바로 페촐트와 파스빈더의 관계, 그리고 독일영화사에서 이들이 각각 차지하는 중요성 말이다. 베를린파가 오늘날 갖는 새로움은 1960년대에서 1970년대 라이너 베르너 파스빈더, 빔 벤더스, 베르너 헤어초크, 알렉산더 클루게, 폴커 슐렌도르프 등의 뉴저먼시네마가 가졌던 새로움과 비교할 만하다.

　　〈피닉스〉이후 크리스티안 페촐트는 2018년 안나 제거스의 소설을 각색한 〈트랜짓〉을 선보이기까지 4년간 필모그래피의 공백기를 가졌다. 〈트랜짓〉은 프랑수아 오종의 〈프란츠Frantz〉(2016)로 프랑스 관객들에게 이미 잘 알려진 파울라 베어와의 협업이 시작되었음을 알리는 작품이다. 1995년생인 베어는 모든 면에서 새로운 세대의 배우를 대표한다. 이론보다 육체적인 훈련을 더 많이 받은 세대, 두뇌보다는 몸으로 연기하는 세대, 페미니즘 논쟁과 **젠더연구**에 대해 잘 알고 있는 세대. 이러한 흐름이 관능적이고 신화적인 프리즘을 통해 독일을 다루는 페촐트의 최근 영화들을

●　　Anne Diatkine, "Nina Hoss, rôles de dame", *Libération*, 13, 2016.

잔해 속 두 친구—니나 호스와 한나 쉬굴라의 평행관계

〈피닉스〉의 니나 호스(오른쪽)

R. W. 파스빈더의 〈마리아 브라운의 결혼〉의 한나 쉬굴라(왼쪽)

연출가—페촐트와 파스빈더 사이의 평행관계

〈피닉스〉, 조니(로날트 체어펠트)가
넬리(니나 호스)에게 빨간 드레스를 입힌다

〈마리아 브라운의 결혼〉, (파스빈더가 직접 연기한) 암시장 밀매업자가
마리아(한나 쉬굴라)에게 검은 드레스를 입힌다

전반적으로 관통한다. 그러나 이 영화들은 〈바바라〉에서 이미 제기된 질문, 곧 여성 캐릭터와 여성 배우를 어떻게 바라볼 것인지를 더 깊이 파고드는 영화들이기 때문에 여전히 매우 정치적이다.

여성 배우와의 협업으로 페촐트 영화를 시기적으로 나누어볼 수 있긴 하지만, 감독은 '뮤즈'라는 용어를 거부한다. '**남성적 시선**male gaze'에 대한 최근 논의를 잘 알고 있는 페촐트는 자기 고유의 시선을 충족하고자 하는 감독으로서 자신이 갖는 욕망에 끊임없이 의문을 제기한다. 그의 영화에서 여성들은 자신이 감시당하고 있다는 사실을 알고 있고, 이 점이 여성들에게 이러한 시선을 가지고 놀고, 시선으로부터 자유로워질 수 있는 가능성을 열어준다. 이제 우리는 활동가적이거나 이론적이지 않으면서도 영화 담론에 관심을 기울이고 세상을 성찰하려는 열망이 담긴 페촐트 영화의 도덕적, 형식적인 특징에 대해 살펴볼 것이다.

*

이 인터뷰에서 페촐트는 자기 영화 속 여성 배우들과 여성 캐릭터에 대해 논의할 뿐만 아니라 자동차의 상징적인 역할을 빔 벤더스, 클로드 샤브롤, 아녜스 바르다의 영화와

생존자 79

함께 이야기한다. 그는 또한 〈현기증〉의 찰나적 숏에 관해 자신감 넘치는 영화 강의를 들려준다. 그 생각거리는 페촐트가 쓴 〈부정한 여인La Femme infidèle〉(클로드 샤브롤, 1969)에 대한 비평으로 이어진다.

두 번째 대화

**감독님의 영화는 거의 항상 여성 캐릭터를 중심으로 전개된다는 점을
언급하며 인터뷰를 시작하겠습니다.**

네, 여성 캐릭터로 작업하는 편이 더 쉬운 것은 사실입
니다! 이 사실은 제가 극장용으로 처음 쓴 장편영화 〈내가
속한 나라〉를 준비하면서 명확해졌습니다. 교수로 있던 하
룬 파로키 감독을 만나 청소년 이야기를 쓰기 시작했는데,
얼마 지나지 않아 제가 그 이야기를 쓸 수 없다는 것을 깨달
았습니다. 그 소년은 저와 너무 닮아 있었거든요! 하룬 감독
이 캐릭터를 아들에서 딸로 바꾸길 제안했고, 그 덕분에 막
혔던 길이 열렸습니다. 저는 저 자신을 너무 많이 투영한 캐
릭터로는 작업하기 어렵다는 것을 알게 되었죠. 마치 자신
을 화면에서 보면 더 이상 연기할 수 없는 배우와 비슷한 느

낌이었어요. 그때부터 여성 캐릭터를 중심으로 영화를 만들고 싶다는 생각을 하게 되었습니다.

저는 제57회 베니스영화제의 '오늘의 영화작가' 부문에 영화를 출품했습니다. 그해 샤브롤이 '공식 경쟁' 부문 심사위원이었는데, 저희는 같은 호텔에 머물렀어요. 샤브롤에게 그가 제게 얼마나 중요한 인물인지 말씀드리고 싶었지만, 감히 엄두가 나지 않았습니다. 어느날 그가 여러 인터뷰를 하는 것을 들었는데, 저와 비슷한 질문을 받더군요. "왜 당신의 주인공은 거의 항상 여성인가요?" 그러자 샤브롤은 이렇게 대답했습니다. "남자는 살고, 여자는 살아남죠. 영화는 살아남으려고 하는 사람들에게 관심을 기울여요." 정말 멋지지 않나요? '남성적 시선'이라는 현대적인 문제까지 포함하여 모든 것을 말해주는 대답이었습니다.

〈열망〉 〈트랜짓〉 〈어파이어〉 등 일부 영화에는 남성 주인공이 등장합니다. 특히 〈어파이어〉에서는 아마도 감독님을 조금 닮은 작가 캐릭터를 연출하셨습니다.

〈열망〉과 〈트랜짓〉은 문학작품에서 영감을 받았습니다. 그래서 그 캐릭터들은 저를 투영할 필요가 없는 허구였습니다. 〈어파이어〉에서는 실제로 자전적 특성을 가진 캐릭터를 만들었습니다. 이제 저는 환갑을 넘겼고, 저 자신을 비웃는

크리스티안 페촐트

법을 배워야 할 때라고 생각했습니다. 자신을 바라보며 부끄러움을 느낄 때가 많은데, 그 수치심을 극복하는 유일한 방법이 바로 유머입니다. 유머는 제 생명줄이었습니다.

저는 1970년대 독일에서 자랐고 교육받았으며, 정치활동을 했습니다. 당시는 매우 유해한 남성성의 사회였죠. 특히 1960년대 말 학생운동이 쇠퇴하면서 등장한 공산주의 단체 'K 그루펜K-Gruppen'은 끔찍할 정도로 여성혐오적이었습니다. 모든 것이 남성적 정체성을 중심으로 돌아갔죠. 페터 한트케의 『잘못된 움직임Faux mouvement』을 읽어보시면 이해하실 수 있습니다. 괴테의 『빌헬름 마이스터의 수업시대』를 재해석한 이 작품은 정체성을 찾아가는 한 남자의 이야기입니다. 저 역시 그런 맥락 속에서 남자가 되었습니다. 〈어파이어〉 덕분에 그 시대와 거리를 두고, 때로는 고통스럽지만 코미디로 바라볼 수 있었습니다.

페터 한트케의 소설은 빔 벤더스가 로드무비 3부작의 일부로 영화화했습니다. 그런데 로드무비는 전통적으로 남성성을 화면에 옮기고 이에 의문을 제기합니다. 〈이지 라이더〉(데니스 호퍼, 1969)뿐만 아니라 벤더스의 영화에서도 마찬가지입니다. 졸업 작품인 〈파일럿〉에서 이미 감독님은 두 명의 여성 주인공을 내세워 이러한 전통에 정면으로 도전했습니다.

당시 저는 매우 어렸고, 저에 대한 주목을 끌어내야 했어요. "주의하세요, 이 영화는 〈시간의 흐름 속으로〉와 달라요······"라고 분명히 드러내야 했습니다. 이 여성들은 정체성을 찾기 위한 여정에 있지 않아요. 이들은 생계를 유지하는 중이에요. 이들은 화장품 회사 외판원으로, 이들 사이에는 남성적 환상의 흔적이 조금도 존재하지 않았죠.

감독님은 〈시간의 흐름 속으로〉를 별로 좋아하지 않는 것 같습니다.

그 영화는 "아, 이 남자들은 정말 멋지군. 약점이 있긴 하지만"이라고 말하는 사소한 경향이 있어요. 남자 하나가 성적인 행위를 시작하면 다른 남자들은 싸우거나, 자신을 떠나 자살한 아내를 둔 세 번째 주인공처럼 웁니다. 그 영화에서 남자들은 더 이상 여자를 원하지 않아요. 기껏해야 어린 소녀나 동승자 정도, 그뿐이에요. 차라리 차 안에 혼자 있거나, 다른 남자와 함께 있는 편, 그래서 여자에 대해 이야기하는 편이 훨씬 낫습니다. 이게 참 재밌죠. 마음을 아프게 한 여자에 대해 이야기하는 것 말이죠. 〈시간의 흐름 속으로〉에서 남자들은 어른스럽지 않아요. 개인적으로 저는 여전히 엄마가 필요한 이 두 남자에게 제 아이를 맡기고 싶지 않아요! 이 두 남자는 폭스바겐이나 낡은 트럭을 몰고 사막, 거의 웨스턴 풍경을 닮은 독일의 한 지역을 달립니다. 빔 벤더스는 미국영화의 위대한 감성주의자이고 그의 캐릭터는 이

크리스티안 페촐트

미지 속에서 살아 숨 쉽니다. 〈시간의 흐름 속으로〉는 거의 말을 하지 않는 두 남자가 등장하는 영화 〈자유의 이차선Two Lane Blacktop〉(1971, 몬테 헬만)을 떠올리게 합니다. 도로와 자동차의 세계에 여자가 나타나면 그들은 완전히 길을 잃습니다. 하지만 여자는 언제 운전대를 잡을까요?

그게 제가 영화에서 하고 싶은 이야기입니다. 〈내가 속한 나라〉의 도망 장면에서 차를 운전하는 사람은 바르바라 아우어입니다. 시나리오 단계에서 이미 예정된 것이에요. 어머니가 운전하는 동안 아버지는 뒷좌석에 머물러 있죠. 촬영 직전에 리히 밀러는 "아니요, 제가 운전하는 게 더 나을 것 같아요. 그리고 어머니는 뒤에서 아이를 돌보는 거죠"라고 했어요. 제 입장에서는 여성이 운전하는 것이 훨씬 더 좋았어요. 리히 밀러는 이렇게 물었어요. "하지만 그녀는 운전을 할 줄 아나요?" 그런데 바르바라 아우어는 훌륭한 운전사예요! 장면 내내 리히 밀러는 카메라를 바라봅니다. 관객에게 이 표정은 '이제 어떻게 할까?'를 뜻해요. 하지만 우리, 우리는 사실 그 표정이 '내 차로 뭐 하는 거야?'라는 의미라는 것을 잘 알고 있죠.

남성은 여성을 남성의 판타지에 입장시키지 않아요. 자동차라는 이 영화적 침실 안에서 남성은 평화를 누리면서 조용히 자신의 환상에 빠져 있기를 원해요. 무정한 미인, 어머니, 성매매 여성 또는 아이는 용납하지만, 그저 여성일 때는 절대 용납하지 않아요. 이 침실은 극히 모던한 테크놀로지지만 가장 끔찍하고 고풍스러운 투사가 이루어지는 곳이기도 하죠. 이야기는 이 역설 안에서 만들어질 수 있어요.

하지만 여성이 항상 운전대를 잡는 것은 아닙니다. 반대로 〈볼프스부르크〉 〈바바라〉 〈어파이어〉는 자전거, 기차 또는 자동차를 타는 여성 캐릭터를 담고 있어요. 특히 저는 〈볼프스부르크〉가 남성과 여성의 관계에 매우 비관적인 영화라고 생각해요. 여성은 걷고 남성은 차를 운전하고 있는데, 이 두 캐릭터는 결코 어울리거나 공통된 리듬을 찾을 수 없을 것처럼 보여요.

이 여성은 그 남성적 자동차 세계의 일부가 아닙니다. 하지만 사회적 측면도 있습니다. 그녀는 프롤레타리아이고 자동차를 살 여유가 없어요. 니나 호스가 차 안에 있을 때 그녀는 그 환경을 완전히 낯설게 느낍니다. 그녀는 좀 무엇 같냐면…….

……아이 같죠.

맞아요, 아이죠. 영화사 속 사회학을 펼쳐볼 수 있을 텐데요. 처음에 영화는 운전하는 여성들이 욕망을 불러일으키기에는 너무 나이가 많다는 것을 보여줬어요. 아이를 데리러 가는 어머니는 운전을 할 수 있었고요. 그러나 여성이

크리스티안 페촐트

〈내가 속한 나라〉

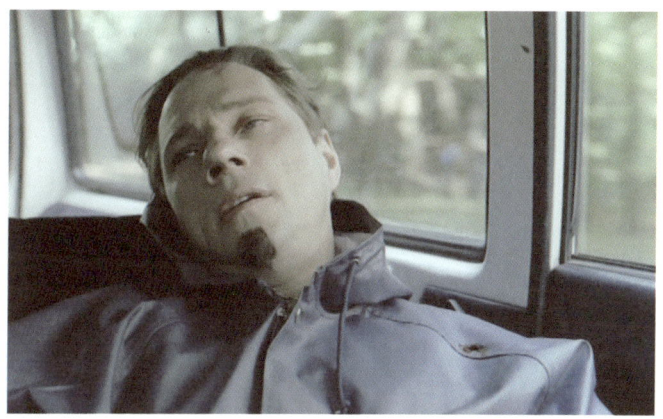

"내 차로 뭐 하는 거야?"

"바르바라 아우어는 훌륭한 운전사예요!"

욕망을 불러일으키고 젊고 에로틱할 때에는 오직 승객만 될 수 있다는 점을 보여주죠. 그런 면에서 〈붉은 결혼식Les Noces Rouges〉(클로드 샤브롤, 1973) 같은 영화는 엄청나게 현대적인 작품이지요. 두 주인공이 만나기 위해 차에 타는 장면이 있습니다. 미셸 피콜리가 운전을 하는데 스테판 오드랑 역시 운전을 합니다. 저에게 스테판 오드랑은 지극히 현대적인 여성이었어요. 사실 운전하는 여성은 자유를 갈망한다는 점에서 위험한 여성이죠. 자동차는 매우 현대적인 교통수단이지만 동시에 운전대를 잡은 남자, 세상을 지배하는 남자라는 이미지, 세상만큼 낡은 이미지를 전달합니다. 여성은 뒷좌석에 앉아 있어요. 오토바이에서도 마찬가지예요. 그리고 타란티노의 영화에서처럼 여성이 운전석에 앉는 경우에는 노란색 가죽 자켓과 거친 충돌 탓에 즉시 미친 것처럼 보입니다. 하지만 이 모든 것은 남자의 판타지일 뿐이에요! 여성이 자신만의 운전 이야기를 만들어내는 경우는 매우 드뭅니다. 여성은 이 남성적인 세계에서 자신의 자리를 찾아야 합니다. 이것이 바로 〈볼프스부르크〉의 테마 중 하나지요. 남자들은 자동차와 자동차 대리점을 소유하고 있어요. 여성들은 빌라에 살고 있지만 남편이 바람을 피우고, 아이가 있지만 빼앗기고, 친구가 있지만 너무 가난해서 그 우정을 유지하기 어렵습니다. 여성은 남성보다 훨씬

〈볼프스부르크〉

자동차가 만들어내는 대각선으로 나뉜 남자와 여자,
이 이미지의 구조는 남성과 여성이 가지고 있는 관점 사이의
화해 불가능성을 나타내는 것처럼 보인다

더 힘들게 싸워야 해요. 그래서 니나 호스는 마지막 떠나기 직전 도움을 요청합니다. 그녀가 말하는 방식이란 이런 것이죠. "난 당신과 달라. 난 내 계획 속에 아무도 들이지 않아요. 하지만 내 안의 무엇인가가 깨지고 있어요. 당신처럼 되지 않는 것만으로 살 가치가 충분할까요? 모르겠어요." 그래서 이 영화가 슬프죠.

스테판 오드랑의 '모던함'에 대해 이야기하셨는데, 이 배우와 그녀가 연기하는 캐릭터에 매료된 이유가 바로 여기에 있는 것 같습니다. 모던함은 영화 속 여성에게 부여되는 근본적인 성격일까요?

저는 1960년대가 우리에게 물려준 사진과 이미지를 매우 흥미롭게 여깁니다. 아프가니스탄의 페미니즘 운동 사진, 제가 태어나기 전 어머니가 인조 페티코트를 입고 오픈카를 타고 있는 사진 등이요. 이 사진들은 우리 자신을 해방하고자 하는 열망, 혹은 우리 자신에게 부여한 권리 등을 반영하고 있어요. 아아, 이 욕망은 종종 빠르게 억압되어 아무것도 아닌 것으로 축소됩니다. 하지만 저는 욕망이 자신을 확신하는 순간을 좋아합니다. 〈붉은 결혼식〉에서 그런 일이 일어납니다. 스테판 오드랑은 남편을 죽여요. 이 일이 그녀에게 끔찍한 결과를 초래하겠지만, 잠깐 동안 그녀는 자신에 대한 확신을 가지고, 완전히 자유로워지면서 온전해질

수 있어요. 저에게 모던함이란 이 순간 안에 자리를 잡고 있
다가 시선을 던지고 손을 쓰려고 하자마자 사라지는 것이
에요. 1960년대 아프가니스탄 여성들의 이미지는 놀라워요.
오늘날 탈레반 정권하에서의 상황과 비교해서만이 아닙니
다. 이 여성들이 포즈를 취하지 않는다는 사실 자체로 놀랍
습니다. 카메라맨, 혹은 사진작가는 이 여성들의 자족적인
태도에 놀라움을 금치 못하는 것 같습니다. 이 여성들은 이
렇게 말하는 듯하죠. "우리는 분명 당신이 던지는 시선을
필요로 합니다. 하지만 그 시선을 소유하고 있는 것은 우리
입니다."

**당신의 필모그래피에서 〈바바라〉 〈피닉스〉 〈운디네〉는 일종의 '시선
3부작'을 구성하고 있습니다.**

맞아요. 저는 〈바바라〉의 첫 장면에서부터 이 문제를
다루고 싶었어요. 바바라는 버스에 탄 상태이고, 제 카메라
는 이미 비밀경찰의 시선을 체화하고 있습니다. 바바라는
자신이 감시당하고 있다는 것을 알고 그녀의 태도에는 이
점이 반영되어 있어요. 그녀는 이 시선을 입고 있죠. 이 첫
시퀀스에서 바바라는 배우로서 등장합니다. 영화는 자신을
다르게 바라보는 누군가를 만나 이 시선의 체계를 깨고 싶
어 하는 바바라의 이야기를 다룹니다. 안드레는 바바라에

게 그녀가 항상 속했던 시스템 밖에서 자신을 재발견하도록 제안합니다. 처음 바바라는 이 제안으로 인해 동요합니다. 〈운디네〉에서도 마찬가지입니다. 제게 이것은 도덕적 입장입니다. 저는 제 시선이 남성적이지 않은 체할 수 없고, 여성의 편을 드는 척할 수도 없어요. 제가 할 수 있는 유일한 일은, 여성 인물에게 반영된 저의 시선을 포착하는 것입니다. 여성의 태도에서 말이죠. 저는 자신이 응시당한다는 사실을 **알고 있는** 여성을 그립니다. 그렇게 바라보는 인물과 바라보이는 인물 사이의 균형을 회복할 수 있습니다.

이는 제가 항상 배우들, 특히 여성 배우들과 깊이 논의하는 문제입니다. 저는 니나 호스나 파울라 베어를 뮤즈로 생각하지 않으며, 그들을 뮤즈로 만들기 위해 노력하지도 않아요. 하지만 우리가 무엇을 하든 이 원칙은 잠재적인 방식으로 늘 존재하고 있어요. 그래서 저는 이 원칙을 어떻게 깨트릴 수 있을지 끊임없이 고민합니다. 그러기 위해서는 '뮤즈'가 시선을 되돌려줄 수 있어야 해요. 예를 들어 영화 〈바바라〉에서 여성은 끊임없이 감시당하고 관찰되는 존재입니다. 영화는 그녀가 이 시선을 어떻게 인식하고 어떻게 회피하는지 들려줍니다. 마찬가지로 남성 캐릭터가 피그말리온을 연기하는 〈피닉스〉에서는 여성 캐릭터의 관점에서 이야기가 전개될 수 있도록 신경을 썼습니다.

크리스티안 페촐트

〈바바라〉

바바라가 버스에서 내려 배우처럼 장면 안으로 들어온다

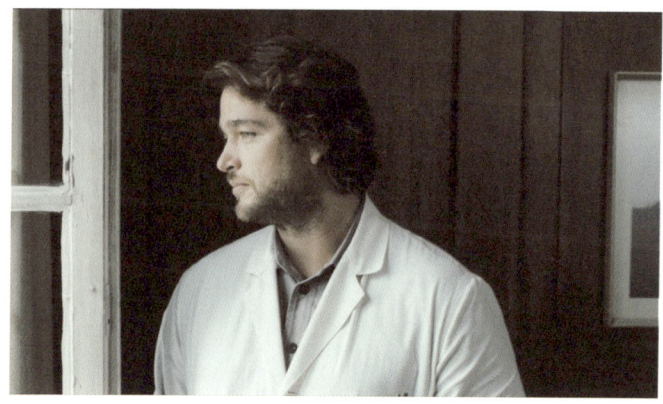

안드레를 담은 숏은 카메라의 시점을 설명한다

요컨대, 당신은 좋아하는 영화 중 하나인 〈현기증〉의 증후군에서 벗어나기 위해 노력하고 있습니다……

지난 크리스마스에 독일 방송 채널에서 〈현기증〉이 다시 방영되었어요. 저는 이 영화를 DVD로 소장하고 있고 영화관에서 수십 번 봤지만, 그날 밤에는 텔레비전을 통해 다시 보았습니다. 그리고 익히 알고 있는 내용임에도 전에는 이 영화에서 보지 못했던 무언가가 저를 놀라게 했습니다. 〈현기증〉은 무엇보다도 남성의 시선에 관한 영화죠. 한 장면에서 마들렌은 자신이 자주 꾸는 악몽에 대해 이야기합니다. 악몽은 샌프란시스코에서 멀지 않은 스페인 선교사 영지를 배경으로 하고 있죠. 스코티는 마들렌을 그 현장으로 데려가기로 결심합니다. 그들은 마들렌의 차를 타고 가지만 스코티가 운전을 합니다. 이동하는 동안 나뭇가지들이 펼쳐진 하늘 장면이 나옵니다. 매우 짧은 주관적인 숏인데, 의심할 여지 없이 마들렌의 관점에서 촬영된 것이에요.

이전에 저는 이 숏을 전혀 눈여겨보지 않았어요! 히치콕이 왜 이 장면을 삽입했는지 궁금했습니다. 제 생각에 이 이미지는 마들렌이 단순히 누군가의 투사물이 아니라 인간이라는 것을 보여줍니다. 그녀는 감정을 지니고 있죠. 예를 들어 이 순간 그녀는 아마도 양심의 가책에 사로잡혔을 것입니다. 그래서 영화 말미 마들렌의 죽음은 더욱 처절하고 잔

　　　　　　　　　　　　　　　　크리스티안 페촐트

인하게 다가옵니다. 이 몇 초는 히치콕이 자신의 영화가 남성 시선을 주제로 다루고 있다는 것을 완벽하게 인식하고 있음을 암시하기도 합니다. 히치콕은 잠시 동안 세상에 대한 또 다른 영화적 관점, 대위법, 다른 방법으로 이야기하기의 가능성을 열어줍니다. 제가 놓쳤던 매우 중요한 순간이죠!

〈현기증〉에서 받은 영감이 〈피닉스〉에서는 상당히 뚜렷합니다. 〈운디네〉에서는 덜하고요. 하지만 생각해보면 마들렌은 게르만 신화의 물의 정령을 연상시킵니다. 그녀는 남성들이 물가에 와서 상실한 사랑에 목 놓아 울 때 모습을 드러내는 존재죠. 마들렌은 스코티가 물속에서 끌어내어 자신의 환상을 투사하는 피조물이니까요. 영화 〈운디네〉는 어떤 관점에서 이야기되고 있나요? 이 영화는 방금 말씀하신 히치콕이 열어둔 다른 가능성 안으로 떨어지는 영화인가요?

파울라 베어가 연기한 캐릭터는 남성이 자신의 희망과 욕망을 투영하기 위해 물속에서 끌어내는 뮤즈에 머물기를 거부합니다. 그녀는 리얼리티가 되고자 해요. 그녀가 바라는 것은 더는 그저 사랑받는 것이 아닙니다. 사랑을 돌려주는 일이에요. 오프닝 장면에서 그녀의 연인이 그녀를 떠납니다. 그가 그녀를 기다리기로 한 카페로 돌아갔을 때 그를 보지 못하는 건 그녀로서는 끔찍한 일입니다. 저주가 다시 작동한다는 뜻이기 때문이죠. 그녀는 그를 죽이고 고성소

〈현기증〉

마들렌의 클로즈업, 위를 올려다보는 눈

하늘과 나뭇가지 끝부분

앞 유리를 통해 하늘을 계속 바라보고 있는 마들렌의 시선으로 회귀

로 돌아가 다른 누군가가 자신을 데리러 올 때까지 기다려야 할 것입니다. 그녀는 이 순환이 영원히 반복되리라는 것, 자신이 결코 이 지상 세계에 존재할 수 없다는 것을 알고 있습니다. 제 영화에서는 바로 이 순간 다른 남자가 그녀에게 다가와 "당신의 강연이 정말 좋았어요"라고 말합니다. 운디네는 이 순간이 자신이 갇혀 있는 수족관을 폭파할 수 있는 특별한 기회라는 것을 깨닫습니다. 〈현기증〉의 마들렌처럼 그녀는 신화 밖 삶의 가능성을 잠시 엿보는 것이죠.

크리스토프라는 인물을 소개하는 방식이 매우 흥미롭습니다. 방금 말씀하신 것처럼 그의 첫마디는 운디네의 강연에 대한 칭찬입니다. 그는 그녀가 자신의 일에서 뛰어난 여성이라는 사실에 우선 매료됩니다.

제가 중요하게 여긴 것은 크리스토프가 심플한 사람, 일종의 프롤레타리아여야 한다는 점이었어요. 운디네에게는 완전히 새로운 캐릭터지요. 신화에서 그녀는 일종의 시인, 곧 호숫가에 슬픔을 노래하러 온 남자에게만 사랑받도록 저주받은 존재입니다. 시인의 노래로 그녀는 출현하게 되고요. 크리스토프와의 만남은 이 저주를 깰 수 있는 다른 성격의 만남입니다. 마치 〈5시부터 7시까지의 클레오Cléo de 5 à 7〉(아녜스 바르다, 1962)와 비슷합니다. 클레오는 남성이 작곡한 가사와 멜로디에 목소리를 빌려주고 남성이 제작한 음반을 판매하는 가수이기 때문에 종종 뮤즈의 지위로 전락하기도 합니다. 어느 오후, 그녀는 오직 자신을 위해 존재하기로 결심하죠. 그녀는 파리를 산책하고 우리는 그녀의 눈을 통해 세상을 봅니다.

그리고 쇼몽 공원°에서 그녀는 한 남성을 만나는데, 이 사람과의 관계는 사뭇 다릅니다. 뮤즈를 향한 피그말리온의 일방향적 욕망이 아니라 쌍방향적이고 에로틱한 유대감을 갖는 직관적 관계입니다. 영화 속 크리스토프와 운디네의 관계를 창작할 때 이로부터 큰 영감을 받았습니다.

크리스토프가 잠옷을 입고 잠들 준비를 하는 운디네에게 다음에 하게 될 강의를 낭독해달라고 부탁하는 상황은 사실 영화에서 보기 드문 장면으로, 매우 이례적인 방식으로 에로틱하죠.

저도 그 장면이 매우 에로틱하다고 생각합니다! 그리고, 정말 두 배우의 연기 덕분이라고 말해야겠어요. 대본에는 "그녀는 그와 자고 싶어 하지만 그는 원하지 않는다. 그는 그녀가 준비한 강연을 낭송해주기를 원한다"라고만 쓰여 있어요. "그는 강연에서 그녀를 만났고 그 경험을 재현

°   클레오가 남성을 만나는 공원은 영화 속에서 쇼몽 공원이 아니라 몽수리 공원이다.

하고 싶어 한다"와 같은 몇 가지 암시를 덧붙였을 뿐입니다. 그게 다예요. 저는 이 장면에서 파울라 베어와 프란츠 로고브스키의 연기가 훌륭하다고 생각합니다. 먼저, 그는 그녀를 조금 거칠게 밀어냅니다. 그런 다음 운디네의 눈에서 어떤 두려움을 봅니다. '물속에 나를 찾으러 왔다가 잠시 후 나를 내버리는 남자 중 하나'라는 두려움 말이지요. 하지만 그녀는 그가 자신의 강의를 정말 듣고 싶어 하고 섹시하게 여긴다는 것을 깨닫습니다. 그래서 그녀는 낭독을 시작하고 말을 이어가면서 거의 수영하듯 크리스토프 주위를 맴돌죠. 그리고 그녀는 이것에 쾌감을 느낍니다! 그가 전문 다이버라는 사실을 잊지 맙시다. 그는 무거운 장비 때문에 물속에서 움직일 수 없고, 주변의 수중 세계, 해초, 물고기가 물결치는 모습만 볼 수 있어요. 운디네가 지금 이 순간 하고 있는 일이 바로 그것이죠. 그녀는 신화의 세계를 현실 안으로 옮기는 것에 성공했어요. 더는 그 세계 속에 갇히지 않고 그 세계와 함께 놀 수 있게 된 거죠. 이것은 매우 아름답습니다. 저는 이것이 모든 억압받는 사람들이 자신을 해방할 수 있는 유일한 가능성이라고 생각합니다. 재현의 체계에서 벗어나는 것은 종종 불가능하지만, 그 체계의 작동 장치를 사용하여 자신을 해방할 수 있습니다.

〈어파이어〉에서도 계급관계는 애정 관계를 구성하는 데 필수적인 역할을 합니다. 인물들은 겉으로만 같은 사회계층에 속해 있지요.

사회적 측면은 제가 영화의 주제로 삼지 않더라도 영화에서 항상 본질적인 역할을 하죠. 하지만 저는 늘 등장인물의 전기를 씁니다. 그저 배우들을 돕기 위해서요. 레온은 가장 친한 친구 펠릭스와 같은 배경을 가지고 있지 않아요. 영화 속 집이 펠릭스 부모님 소유이듯 우리가 차 트렁크에서 볼 수 있는 리모와 여행 가방도 펠릭스 부모님의 것이죠. 이 가방은 약간 낡았지만 매우 비싼 명품입니다. 반면에 레온은 단출한 배낭만 가지고 있습니다. 저는 항상 레온이 장학금을 받고 기숙학교에 다녔다고 상상했어요. 다시 말하면, 그는 벼락 출세한 사람이라는 거죠. 그리고 그는 그 사실에 고통받아요. 그는 지식인이라는 지위에 기대어 정체성을 만듭니다. 나자는 그와 같은 사회계층 출신이지만 그와 달리 이 점을 부끄러워하지 않아요. 그녀는 자신의 처지를 당당하게 받아들이고, 아이스크림을 팔아야 한다고 불평하지 않으며, 박사논문을 쓰고 있는 지식인인 척을 하지도 않습니다. 레온에게 나자는 양면적인 인물로, 레온이 그녀에게 매력을 느끼면서도 거부하는 것은 그녀가 그를 닮았지만 정반대의 태도를 가지고 있기 때문입니다. 나자가 지닌 유쾌함이 레온에게는 따귀처럼 받아들여지니까요.

크리스티안 페촐트

감독님 필모그래피를 살펴보면 율리아 후머, 니나 호스, 파울라 베어 등 주로 함께한 한 명의 여성 배우로 시기를 구분할 수 있습니다.

제가 매우 아끼는 바르바라 아우어도 있습니다. 〈내가 속한 나라〉부터 〈폴리차이루프 110〉 에피소드까지 제 커리어 내내 함께 일해온 배우예요. 남자 배우들 역시 매우 중요합니다. 이들도 제 여러 영화에 계속 출연하고 있습니다! 제 모델은 아마도 자기 주변에 진짜 극단을 모을 수 있었던 파스빈더일 거예요. 하지만 솔직히 말하자면 각각 한 배우와 연관된 시기가 있다는 것을 인정해야겠지요. 니나 호스를 만났을 때, 저는 히치콕 그리고 히치콕이 티피 헤드런과 했던 작업에 제가 어째서 매혹되는지 생각하고, 그 이유를 즐기려고 하던 시기였어요. 니나 호스와 이에 대해 많은 이야기를 나눴어요. 제가 그녀를 좋아하는 이유는 그 낯섦, 마치 자신이 세상의 일부가 아닌 것처럼 세상을 걸어가는 방식입니다. 그러한 면모로 제가 앞서 언급한 모던함을 건드릴 수 있었죠. 이 인물은 제 것이 아닙니다. 미국인들은 모든 주인공이 내면에 어떤 슬픔을 가지고 있어야 한다는 점을 이해했죠. 그리고 저는 모든 아름다운 금발 여성 주인공은 자신이 판타지라는 사실을 알고 있어야 한다고 생각합니다. 그녀는 자신이 남자를 파괴할 수 있다는 것을 알고 있지만 진짜 피해자는 자신이라는 것도 알고 있습니다. 니나 호스는 이 모순을 훌륭하게 구현합니다. 율리아 후머에게 이것은 일종의 반항의 형식이에요. 파울라 베어에게는 너무 빨리 성장한 아이와 같은 면이 있어요. 저에게는 로셀리니의 〈독일 영년〉에서 이미 어른이 된 열세 살 소년의 모습을 떠올리게 합니다. 그가 겪은 사건들이 그를 너무 빨리 성장하게 만들었죠. 파울라 베어는 매우 유아적이면서도 내면에 어른스러운 깊이를 지니고 있습니다. 그리고 어떤 회의, 어떤 불신도 가지고 있어요. 그녀는 전혀 솔직하지 않아요! 저는 이러한 모순이 무척 흥미롭고 캐릭터를 만드는 데 아주 중요하다고 생각합니다.

크리스티안 페촐트

부정한 여인[*]

영화는 늦은 오후 햇빛이 비치는 베르사유의 한 빌라를 와이드숏으로 보여주며 시작된다. 사방에 공원이 있는 이 별장에서는 다소 신흥 부호의 분위기가 풍긴다. 카메라가 빌라를 화면에 담는다. 눈에 띄지 않게 빌라 쪽으로 미끄러져 들어간다. 우리의 시선이 이동한다. 우리는 아직 어디인지 알지 못한다.

영화는 여기서 시작된다. 영화는 여기서 끝난다.

여성, 남성, 그들의 아들, 저녁 식사, 텔레비전, 시어머니의 방문, 부르주아들의 일상. 카메라가 이 일상을 담는다.

---

[*] 〈부정한 여인〉 DVD에 포함된 소책자, 2007.

그리고 삐걱이는 무엇인가가 여기 있다. 남자는 이미 침실에 누워 책을 읽고 있다. 패닝숏이 우리를 욕실에 있는 여성에게 데려간다. 그녀는 발톱에 페디큐어를 칠하고 있다. 그녀는 자신에게 몰두하고 있다. 더운 날이고 그녀는 남편 옆 침대에 누워 있다. 그동안 남편은 클래식 음반을 틀어놓았다. 잠들기 위한 음악이다. 하지만 아내는 잠을 자고 싶지 않다. 그녀는 남편을 유혹하려고 한다. 남편은 피곤하고 졸린 상태다. 아내는 "불쌍한 자기, 당신은 너무 일을 많이 해"라고 말한다. 숨이 턱까지 차오른 결혼 생활. 여기, 파리 외곽 베르사유에서.

베르사유가 있다. 그리고 파리가 있다. 교외의 목가적 풍경이 있다. 그리고 연인, 탐정, 나이트클럽, 식당 지하에 전화기가 있는 도회지가 있다.

그리고 미국영화가 있고 프랑스영화가 있다.

남편은 의심한다. 아내를 그리고 아내의 정절을.

그는 탐정을 고용한다. 탐정이 그에게 증거를 가져온다. 남편은 아내의 연인의 아파트에서 그를 만난다. 아침 버번을 마시며 차분하고 친절히 예의 바른 대화를 나눈다. 그러다 남편은 한숨을 쉬며 "더는 참을 수 없어"라고 말한다. 그리고 그는 아내의 연인을 죽인다. 이 순간부터 영화는 더이상 아무것도 해부하지 않는다. 이 순간부터 영화는 미국

크리스티안 페촐트

적인 것이 된다. 영화는 계속 이어진다. (…)

남편은 시체를 치우고 범죄 현장을 정리한다. 우리는 전날 밤 아내가 잠들어 있던 흐트러진 침대 앞에 있는 남편을 본다. 그는 침대 시트를 본다. 시트는 간통의 징표인 것만이 아니다. 이것은 단순히 그의 혐오감을 불러일으키는 것이 아니다. 이것은 무엇보다도 시체를 묶고, 시체를 운반하는 데 사용할 수 있는 물건이다. 우리는 그의 생각을 보고 그가 일하는 것을 본다. 이것이 바로 미국영화다.

놀라운 영화이다.

남편은 베르사유로 돌아온다. 아들의 생일파티가 열리고 있다. 저녁 빛이 깔려 있다. 황혼의 빛. 그는 집 안에 있고 공원을 바라보고 있다. 그의 어깨 너머에서, 아내가 그에게 다가오는 모습이 멀리 희미하게 보인다. 그녀는 나중에 모든 것을 알게 될 것이고 그 증거를 태울 것이다. 남편이 그들의 사랑에 다시 불을 붙였다. 불가능한 사랑. 마지막에 경찰이 남편을 찾으러 왔을 때 우리는 아내와 아들을 본다. 그리고 카메라는 멀어진다. 카메라는 여자에게서 멀어지고 집에서도 멀어진다. 그러나 동시에 카메라는 줌으로 그들에게 가까이 간다. 멀어지고 가까워지고, 머물고 떠나고, 사라지는 몸과 남아 있는 시선이 있다. 부동인 채 움직임으로 가득 찬 시선.

몇 년 전, 미국 영화산업이 샤브롤 시나리오의 판권을 구입했다. 이들은 이 시나리오로 리처드 기어 주연의 영화를 만들었다. 그들은 시나리오가 순수한 교환가치를 갖는다고 믿었던 거다. 이 믿음은 형편없는 영화를 낳았다. 이역시, 미국영화란 것이기도 하다.

크리스티안 페촐트

이행

당신은 기차역, 영사관 대기실, 비자 사무소, 경시청에서 이루어지는 찰나의 만남에 대해 모두 알고 있을 것이다. 서둘러 바꾸는 지폐가 구겨지듯, 몇 마디 말이 바스락거리는 것이 얼마나 덧없는 일인지. 하지만 때로는 간단한 감탄사, 단어, 그리고 표정 하나에 충격을 받기도 한다. 이들은 빠르고 찰나적이며 당신을 곳곳에서 가로지른다. 눈을 뜨고 귀를 기울이다 보면 어느새 어떤 이야기 속에 빠져들게 된다.

안나 제거스, 『통과비자』

크리스티안 페촐트 영화의 대부분은 자동차에서 시작한다. 영화 〈유령〉의 첫 장면은 베를린의 도로를 운전하는 듯한 느낌을 준다. 〈피닉스〉의 첫 이미지는 어두운 밤 속으로 미끄러져 들어가는 자동차 유리창 위로 날카롭게 모습을 드러내는 여성 운전자의 옆모습이다.

다른 영화에서는 자동차를 외부에서 찍은 장면이 등장한다. 들판을 가로지르는 자동차를 원격으로 찍는 숏(〈볼프스부르크〉), 영화의 첫 장면에서 주차 중인 자동차를 근접촬영한 숏(〈열망〉)이 대표적이다. 얼핏 보면 이야기와의 연결성이 없어 보이기 때문에 호기심을 불러일으키는 〈파일럿〉의 첫 장면 역시 파리의 교통상황이다.

물론 자동차를 오프닝 장면에 활용하는 이가 페촐트뿐

자동차 내부 시점에서 시작하는 오프닝

〈피닉스〉

〈유령〉

자동차 외부 시점에서 시작하는 오프닝

〈볼프스부르크〉

인 것은 아니다. 자동차는 〈비포 미드나잇〉(리처드 링클레이터, 2013) 〈뜨거운 것이 좋아〉(빌리 와일더, 1959) 그리고 여러 제임스 본드 영화의 오프닝 장면에서 볼 수 있는 고전적인 모티프이다. 이러한 장면에서 자동차는 종종 '영화의 엔진이 가동되었다'는 상징을 갖는다. 하지만 페촐트의 작품에서 오프닝 장면 속 자동차는 특별한 존재론적 의미를 지닌다. 페촐트의 영화에서 오프닝 장면은 단순히 영화로 진입하기 위한 장치가 아니라 페촐트가 이행이라고 부르는, 영화 매체에 대한 성찰을 드러낸다. 이는 미디어학적, 내러티브적, 미학적으로 설명될 수 있다. 이것은 우선 관객의 영화적 경험을 가리킨다. 관객은 영화가 상영되는 동안 일상으로부터 벗어나 '이행'을 체험한다. 이행이라는 개념은 또한 페촐트 영화의 내러티브를 규정하기도 한다. 그의 인물들은 자신의 이행, 즉 각자가 품은 기대에 의해 정의된다. 마지막으로 영화 이미지가 스크린 위에 펼쳐지고 사라진다는 성질 또한 이행의 성격을 드러낸다.

이 문제에 대해 페촐트는 학창 시절 자주 읽었던 벨라 발라즈°의 글을 종종 인용한다. "목적지가 뚜렷하지 않은

○   헝가리 태생의 영화평론가. 1948년 집필한 『영화의 이론』에서 영화의 클로즈업에 관해 상세히 논의했다.

움직임을 표현하는 걸음걸이가 있다. 사람이 **아무 데로나 가는 게 아니라** 정해진 곳으로 향할 때 우리는 그의 목적성을 확인한다. 발은 단순한 이동의 도구가 아니라 특정한 상태를 드러내는 무의식적 표현 수단이다. 어디로 가는지, 왜 가는지 모를 때, 그저 '앞만 보고' 갈 때 걸음은 가장 풍부한 표현 수단이 된다. 무성영화는 종종 긴 시각적 독백을 표현하기 위해 이런 걸음을 사용했다. 옛 영화에서 이 걷기 형태는 '연결부passage'라고 불렸다. 많은 사람은 연결부를 그저 빈 공간을 메우는 장면이라고 여겼다. 하지만 모든 것은 이 연결부를 다루는 방식에 달려 있었다. 사람들은 싸우고, 자신을 방어하고, 물건을 내려놓고, 무언가를 집거나, 잡거나, 단단히 쥐는 등 순전히 실용적인 목적을 위해 행동한다. 이러한 움직임은 의도된 것이기 때문에 그 무의식적 원인이 명확하지 않다. 그러나 움직임의 내면적이고 감정적인 원인은 장면이 끝난 후 홀로 걷거나 뛰는 장면에서 드러난다. 릴리안 기쉬는 일자리를 구하는 가난한 소녀를 연기했다. 관객은 그녀와 함께 거리에서 거리로 걷고, 계단을 오르내리며 동행했다. 수많은 희망과 실망, 자신감과 걱정, 성공적인 노력과 환멸, 어둡고 지친 절망, 즉 프롤레타리아의 비극

〈라 보엠La Bohème〉(킹 비더, 1926)의 릴리안 기쉬

적인 거짓말이 그녀의 걸음에서 드러났다."•

실제로 페촐트의 연출은 발라즈가 이야기한 연결부를 통해 인물들의 이행을 표현한다. 영화는 많은 경우 자동차, 기차, 자전거를 타고 이동하는 인물들을 따라간다. 또한 페촐트는 이들을 종종 뒤에서 촬영한다. 이는 다른 캐릭터의 시점인 경우도 있지만 대부분의 경우 관객 본인의 시점이기도 하다. 인물들은 자기만의 몸짓으로 멀어진다. 화면에서 인물이 사라질 때, 그들의 고유한 제스처가 인물을 스크린 너머에서도 존재하게 한다.

1942년 안나 제거스가 쓴 소설을 자유롭게 각색한 〈트랜짓〉은 페촐트의 대표작 중 하나다. 평소 독일의 도시와 도로 풍경을 촬영하는 데 주력했던 감독이 이번에는 지중해 연안의 마르세유에 닻을 내린다. 1940년 많은 독일인이 미국행 비자를 기다리며 그곳에 모여들었다. 이들은 자신이 비자를 얻으려고 한다는 것, 말하자면 머무르지 않을 것이라는 사실을 증명하는 한 얼마든지 그곳에 체류할 수 있는 역설적인 상황에 놓여 있었다.

이러한 유예는 시간적으로도 작동한다. 제거스의 소설

• Béla Balázs, *Le Cinéma: Nature et Évolution d'un art nouveau*, Payot, 1979, p. 126~127.

은 휴대폰이 없는 비동시대적인 마르세유로 옮겨졌는데 이
곳에는 오늘날의 자동차와 건물이 모습을 드러낸다. 등장
인물들은 유행을 따른 것도 아니고 구식도 아닌 옷차림을
하고 있다.

　　1940년의 독일인 주인공은 한순간 오늘날의 "(대화 속
표현 그대로) 불법체류자"를 만난다. 하지만 페촐트에게 이
만남은 어제의 난민과 미래의 난민을 나란히 놓는 일이라
기보다 영화예술의 선언문을 쓰는 일이다. 페촐트의 '자유
로운' 각색은 단순히 신성한 지침이 아니라, 각색의 과정
그 자체를 설명한다. 문학에서 영화로 넘어가는 과정은 공
간과 시간이 정지되는 일종의 이행이다. 이는 〈마틴 에덴〉
(2019)에서 피에트로 마르첼로가 보여준 접근 방식과 비교
할 수 있다. 마르첼로의 나폴리처럼 페촐트의 마르세유는
20세기 영화의 이미지가 모두 합쳐지고 얽힌 비동시대성을
지닌다. 따라서 이 영화는 현대 영화에서 가장 흥미로운 장
소로 이행 중이다. 픽션과 다큐멘터리가 만나고, 영화 속 여
행자와 이주민이 정치적 담론과 만나는 새로운 형상을 증
언하는 장소 말이다.

　　　　　　　　　　　　*

　　　　　　　　　　　　　　　　　크리스티안 페촐트

〈바바라〉

스크린 너머의 미스터리한 존재를 향해 나아가는 인물

다른 사람의 시선을 벗어나는 캐릭터

〈피닉스〉

〈죽은 남자〉

〈옐라〉

이 인터뷰에서 크리스티안 페촐트는 영화가 자동차를 활용하는 방식, 안나 제거스의 소설에 품고 있는 열정에 관해 들려준다. 또한 벨라 발라즈의 텍스트를 해석하며 '연결부'로서의 영화에 대한 간략한 이론을 알려준다. 이 장은 페촐트의 어린 시절, '파사주passage'라고 불리는 쇼핑 아케이드 내 영화관에 관한 글로 마무리된다.

〈트랜짓〉

어제도 오늘도 아닌 시간

세 번째 대화

저는 영화 속 자동차에 많은 관심을 가지고 있었어요. 하지만 솔직히 말씀드리자면 이것을 숙고해볼 수 있게 된 것은 감독님 영화 덕분입니다. 자동차라는 영화적 모티프의 가치를 볼 수 있게 된 거죠. 〈파일럿〉〈쿠바 리브레〉〈내가 속한 나라〉〈볼프스부르크〉〈옐라〉〈열망〉……. 자동차는 이 모든 영화에서 필수 요소입니다. 자동차에 대한 당신의 편애에 대해 자세히 말씀해주시겠어요?

사실 이 주제에 대해 몇 가지 할 말이 있습니다! 마르크 오제는 비장소les non-lieux에 관한 훌륭한 저서*에서 예전에는 사람들이 모든 종류의 작은 마을을 지나가곤 했다고

---

*   Marc Augé, *Non-lieux: Introduction à une anthropologie de la surmodernité*, Seuil, 1992.

설명합니다. 독일영화든 프랑스영화든, 옛 영화에서 등장인물들은 자기 차를 타고 도시와 마을을 지나갑니다. 그러다 우회 도로, 즉 고속도로가 건설되었죠. 고속도로는 오직 자동차를 위해 존재합니다. 우리는 풍경을 가로지르긴 하지만 더 이상 마을을 가로질러 가지는 않죠. 이미지를 통과하지만 더 이상 사회를 통과하지는 않습니다. 최초의 고속도로가 건설될 당시에는 철도에서 영감을 받았습니다. 최초의 철도 객차 내부는 최초의 자동차 내부와 마찬가지로 마차와 비슷했어요. 새로운 교통수단은 항상 기존의 교통수단에 기초해서 만들어집니다. 그러나 고유한 변화가 만들어지기도 합니다. 처음에는 일직선으로 도로를 건설했습니다. 그러다가 이것이 사고를 유발한다는 사실을 알게 되었습니다. 계속해서 직선 주행을 하면 집중력이 떨어지고 긴장이 풀어져 잠이 들기 때문입니다. 나무를 향해 직진하게 되는 거죠. 이 때문에 고속도로에 약간의 굴곡을 주어 건설하기 시작했고 그래서 원근감과 파노라마가 끊임없이 변하게 됩니다. 이건 매우 영화적이죠. 또한 컴퓨터 화면보호기와 그것의 그래픽의 변주를 떠올리게 합니다. 마르크 오제는 고속도로 너머의 명소를 알리기 위해 세워진 표지판에 대해서도 이야기합니다. 이곳에 중세 교회, 저곳에 웅장한 옛 성이 있다는 표지판이요. 하지만 우리는 이 명소들을 눈으로는 볼 수 없어요. 이들은 단지 표시되어 있을 뿐입니다. 우리는 역사, 사회, 비극이 고속도로 너머에 있다는 인상을 받습니다. 고속도로 자체에서는 모든 것이 운전으로 요약될 뿐입니다.

저에게 매우 중요한 또 한 가지는 사고를 겪지 않는 자동차는 없다는 것입니다. 사고가 나거나 예상치 못한 일이 발생하거나 승객들 간에 싸움이 벌어지면 그 순간 사람들은 차에서 내립니다. 이들은 영화적 공간을 창조하던 자동차를 떠나 다른 공간으로 이동합니다. 아무것도 상영되지 않는 바깥에서 이들은 완전히 무력한 존재가 됩니다. 영화가 이야기하는 것은 이런 것입니다. 트뤼포도 그랬고, 고다르도 그랬어요……. 이것이 제가 처음 관심을 가졌던 부분입니다.

자동차는 또한 개인의 자유를 만들어냅니다. 모든 사람은 운전석에 혼자 있어요. 무슨 일이 있어도 원하는 곳으로 갈 수 있죠. 이것은 종종 일종의 뻔뻔함을 동반해요. 운전자들은 자신 외 다른 사람을 고려하지 않습니다. 모든 운전자는 모욕을 하고 욕설과 퍼붓습니다. 운전자는 사방을 적으로 느낍니다. '나' 그리고 '타인들'이죠. 완전히 개인화된 상태라고 해야 할 거예요. 그리고 이런 개인의 자유에서 자기중심주의가 생겨납니다. 저는 또한 자동차가 노동계급을 전멸시켰다고 믿습니다. 노동계급의 공동체 정신이 사라졌죠. 저는 두 사람이 차에 함께 있을 때에도 흥미를 느낍니다. 그들은 대화를 나누면서 동시에 혼자입니다.

키아로스타미도 이 주제에 대해 길게 이야기했습니다. 그가 보기에 자동차는 두 사람이 대화를 나누는 이상적 환경입니다.

나란히 앉는 방식은 이상하게도 영화관과 비슷합니다. 자동차 안에 탄 사람이 관객이 아니라는 점만 제외하면요. 많은 영화가 카메라를 앞 유리창을 향해 설치하기 때문에 자동차는 하나의 극장이 됩니다. 하지만 저는 그런 것에 관심이 없습니다. 제가 흥미로워하는 것은 자동차의 역동성과 움직임입니다. 그래서 저는 항상 차 안에서 촬영하고 대부분의 경우 뒷좌석에서 비스듬한 각도로 차에 타고 있는 이들을 촬영합니다. 두 사람이 서로를 향해 몸을 돌리는 순간은 정말 감각적이죠.

다른 한편, 자동차는 소음, 빛, 냄새를 걸러내는 필터링 장치이기도 합니다. 우리는 우리가 속하지 않은 세상에서 움직이는 중입니다. 장치는 세상을 배제합니다. 사실 모든 자동차 광고는 자동차가 평화의 장소라는 원칙을 기반으로 합니다. 많은 사람이 문제가 있을 때 드라이브를 떠납니다. 광고에서 자동차 여행은 결코 혼잡한 장소로 이어지지 않

크리스티안 페촐트

아요. 어떤 영혼도 살지 않는, 숨이 멎을 듯한 풍경으로 떠납니다. 이 아이디어는 '자동차 이데올로기'의 핵심으로, 자동차는 인간 세계로부터 떠날 수 있게 하는 수단입니다. 다른 한편으로 자동차는 사회적 지위의 상징이기도 합니다.

이야기가 고속도로와 자동차 너머에 있다고 하셨죠? 하지만 차 안의 여정 자체가 서사의 한 형식으로, 혹은 매우 영화적인 방식으로 무언가를 전달할 수 있지 않을까요? 차 안에서도 이야기가 만들어질 수 있습니다.

기존 영화, 가령 범죄영화에서 자동차는 종종 더 친밀한 대화를 주고받는 방처럼 사용됩니다. 사건은 **밖에서** 일어납니다. 차 안에서 경찰들은 무슨 일이 일어났는지에 대해 이야기하고, 토론하고, 숙고합니다. 데이비드 핀처의 〈마인드 헌터〉 시리즈에서 이런 장면을 아주 최근에 본 적이 있습니다. 차는 대화를 양성하는 기기입니다. 하지만 자동차를 '대화를 나누는 방'처럼 다루지 않고, 무기처럼 다루는 영화도 있습니다. 세상에 깊은 인상을 남기고 싶어 하는 사람처럼요. 그들은 움직이는 것이면 가리지 않고 달려듭니다. 자동차는 우리 풍경을 바꾸어놓았어요. 그리고 이 새로운 풍경이 영화의 장소입니다. 영화는 모든 예술 중에서 가장 현대적인 예술이기 때문이죠. 반면 연극은 자동차에 대해 아무것도 말해줄 수 없습니다.

감독님은 〈내가 속한 나라〉의 DVD 오디오 해설에서 감독님 자신이 '이행'이라고 부르는 것을 늘 좋아한다고 말씀하셨죠. 영화에서 인물이 밖으로 나가 한 장소에서 다른 장소로 이동하면서 감각적 경험을 하는 영화적 순간 말이죠. 이들은 피부로 신선한 공기를 느끼며 호흡하고, 풍경을 봅니다. 자동차는 말씀하신 것처럼 필터링 시스템이지만 자동차의 여정은 '이행'일까요?

네, 저에게는 이행입니다. 저는 이 개념을 벨라 발라즈에게서 차용했습니다. 그는 릴리안 기쉬가 그녀의 약혼자의 죽음을 알게 되는 순간의 이행에 대해 이야기합니다.° 그녀는 아파트 문턱에 서 있습니다. 우리는 그녀가 걸어가는 모습을 봅니다. 이미지의 깊숙한 곳으로 가라앉고 있는 그녀의 뒷모습을 봅니다. 이것은 이행의 순간입니다. 그녀의 슬픔과 그녀의 머릿속을 스쳐 가는 모든 것이 영화 안에서 자리를 찾고 있지만, 동시에 그것들은 그녀에게 속합니다. 영화는 그녀에게 이 모든 것을 맡깁니다.

〈내가 속한 나라〉에서 율리아 후머가 연기한 인물의 부모는 딸에게 독일에 대해 계속해서 이야기합니다. 그리고 마침내 그녀는 이 나라에 도착합니다. 말은 통하지만 한 번도

° 여기서 벨라 발라즈는 헨리 킹 연출, 릴리안 기쉬 주연의 〈하얀 수녀The White Sister〉 (1923)를 다룬다.

본 적 없는 나라. 그녀는 무엇을 보게 될까요? 그녀는 독일의 풍경을 이루는 터무니없는 다리 중 하나를 봅니다. 건설업계의 압력단체에 돈을 벌어주기 위해 아무런 쓸모도 없이 지어진 것 말이죠.

하지만 그녀에게 이 순간은 자유로 향하는 여정이기에 그녀는 풍경을 신경 쓰지 않습니다. 18세 청소년이 운전면허를 취득하고 자동차에 탈 때, 그가 마을을 떠나 고속도로를 달릴 때, 우리가 이를 촬영한다면 그것은 이행입니다. 열여덟 살이 되면 우리는 술을 마실 수 있고 담배를 피울 수 있으며 운전도 할 수 있습니다. 우리는 이제 누군가 데려다준 사람이 아니라 누군가를 데려가는 사람이 되는 것이죠. 저는 운전면허 시험에 합격했을 때 친구 차를 빌려 운전을 했습니다. 저에게 차는 개인의 자유를 만끽할 수 있는 놀라운 공간이었고 동시에 꿈과 같았어요. 그 강력한 엔진의 주인이 된 거죠. 마치 감옥에서 탈출한 것 같았습니다. 물론 다시 돌아가기 위한 결심을 해야 하지만, 그 순간만큼은 차가 자유로 가는 통로처럼 느껴졌어요. 자동차는 항상 "시동을 걸어, 너는 자유야"라는 약속의 이데올로기를 포함하고 있습니다.

영화가 하나의 이행이라는 것은 광고와 연관되기도 해요. 청소년 시절, 저는 견진성사 준비를 위해 정기적으로 부

〈내가 속한 나라〉

"우리는 대체로 많이 들어보았던 거리에 대해 실망하게 된다."
—『통과비자』

퍼탈에 교리 수업을 들으러 갔어요. 집으로 가는 기차를 타려면 두 시간을 기다려야 할 때도 있었죠. 역에는 일종의 쇼핑 아케이드가 있고 그 안에 영화관이 있었어요. 저는 열두 살, 열세 살 정도였기 때문에 들어갈 수 없었어요. 하지만 당시 영화관 앞에는 사진들이 걸린 진열장이 있었어요. 이 진열장이 영화관 입구 통로를 거의 키네토스코프 파를로˚로 만들어주었죠. 기차를 기다리는 동안 저는 카우보이, 거의 반나체인 소녀, 피 묻은 칼 사진을 보곤 했어요. 그리고 오늘날 저는 이 입구, 이 통로가 영화의 진정한 **장소**라고 스스로에게 말합니다. 이 영화관은 어두운 복도로 쇼핑객을 유인하여 '이리와, 네 꿈을 믿어'라고 자신을 광고합니다. 마치 이동식 놀이동산 같죠. 정말 마음에 듭니다!

우리는 이미 감독님 영화에서 종종 필수적인 역할을 하고, 자동차의 모티프와도 관련이 있는 물에 대해 이야기를 나누었지요. 바다는 종종 여행의 끝으로 등장하죠. 〈열망〉의 마지막에서 자동차는 절벽에서 폭발합니다. 〈바바라〉의 마지막에서 바바라는 자신이 보호하는 어린 소녀가 탈출할 수 있도록 해변으로 데려가죠. 〈쿠바 리브레〉의 끝에선 부부가 해변 매점에서

˚ 초기 영화 시대 일정 비용을 지불하고 개별적으로 영상을 감상할 수 있던 미국의 장치를 보유하고 있던 가게.

마지막으로 만나고, 〈볼프스부르크〉의 마지막 부분에서는 필립이 로라를 바다로 데려갑니다. 〈트랜짓〉과 〈어파이어〉는 바닷가에서 펼쳐집니다.

이것도 자동차 광고에서 유래한 것이에요. 자동차 광고는 우리에게 마침내 바다에 도착한 누군가의 여정을 보여줍니다. 광고는 교통체증, 복잡함, 악취, 문제를 뒤로하고 바다로 떠나는 것이 바로 행복이라고 말합니다. 바다에서는 행복과 자기 자신을 찾을 수 있습니다. 저는 제 영화 속 인물들이 광고가 보여주는 그런 여정을 따라가게 하려고 합니다. 하지만 목적지에 도착했을 때 결국 이들이 행복하지 않기를 바랍니다. 이들은 여전히 모든 문제를 안고 있어요. 저는 트뤼포의 〈400번의 구타〉(1959)에서 앙투완이 해변을 달리는 순간이 아름답다고 생각해요. 정말 자유롭기 때문이죠. 하지만 이것은 앙투완이 아이이기 때문에 가능한 일입니다. 그는 어른의 세계에서 빠져나왔으니까요. 자동차 광고는 이 아이가 실현하는 것을 팔려고 하지요. 문제는 이 광고가 성인을 대상으로 한다는 것입니다. 제 경우 문제는 인물이 바다에 도달할 때 시작됩니다. 바다에서 로라는 필립이 아들을 죽였다는 사실을 알게 되죠. 〈열망〉에서 남편은 아내와 아내의 연인이 자신을 죽이고 싶어 한다는 것을 바다에서 알게 됩니다. 〈내가 속한 나라〉의 마지막 장면을 바다라고 생각해보면 우리가 목격하는 것은 어린 소녀의 끔찍한 부활입니다. 바닷

크리스티안 페촐트

바닷가

발트해에서 영감을 얻기. 문제는 이제 막 시작되었을 뿐이다
© Schramm Film, photo: Christian Schulz

〈400번의 구타〉
오직 아이만이 바닷가에서 자유를 경험할 줄 안다

가에서 복잡함과 비극이 시작됩니다.

이행의 아이디어는 〈트랜짓〉뿐만 아니라 당신의 작품 전체를 가로지릅니다. 이행은 변형, 일, 이동 등의 형식을 취합니다. 안나 제거스의 소설은 당신에게 근본적 가치를 가지고 있는 작품인가요?

저는 줄거리뿐만 아니라 문학성 때문에 안나 제거스의 소설을 정말 좋아합니다. 이 소설은 헤밍웨이, 포크너와 같은 미국 단편소설의 전통을 독일문학에 가져옵니다. 독일에서 미국으로 떠나는 것은 『통과비자』의 등장인물뿐만 아니라 제거스의 언어 그 자체입니다. 그런데 이 출발이 영화적이죠. 집으로 돌아가고 싶어 하거나 반대로 집을 떠나고 싶어 하고, 결혼 생활에서 도망치거나, 은행을 턴 후 도주하는 것……. 이러한 움직임은 모두 인물이 균형을 되찾으려는 것으로, 인물들은 이 균형에 의미를 부여합니다. 이야기 구성 덕분에 의미가 부여되죠. 궁극적으로 영화란 이야기가 아니라 이야기를 만들고 싶어 하는 욕망입니다.

영화에서도 안나 제거스의 문학적 전치에 상응하는 일이 있습니다. 신대륙으로 넘어간 프리츠 랑, 빌리 와일더, 로버트 시오드맥, 에드가 울머 등 독일계 시네아스트들은 '필름누아르'라는 영화언어를 발명했습니다. 망명의 경험이 깊게 밴 매우 어둡고 절망적이고 허무주의적인 시각을 가

크리스티안 페촐트

지고 이들은 그 고유한 색채를 특징으로 삼는 장르를 발명했습니다. 비평가 프리다 그라페는 이를 "베를린의 빛"이라고 불렀습니다.*이 빛은 망명에 의미를 부여해 미국 필름누아르에 기여했습니다. 이건 제게도 큰 영향을 미쳤습니다. 저는 제 영화를 색채를 지닌 누아르 시리즈라고 생각해요.

『통과비자』가 영화화에 적합한 이유는 무엇일까요?

제 친구 하룬 파로키와 저는 종종 『통과비자』를 함께 읽었습니다. 그리고 우리는 이주 상태가 근본적으로 영화적이라는 데 항상 동의해왔습니다. 저는 한 편의 영화에 대해 이야기할 때면 항상 그 영화의 여정이 어떤 것인지 자문하곤 합니다. 저는 정말 그런 식으로 생각합니다! 예를 들어, 〈부정한 여인〉에서 미셸 부케가 연기하는 인물은 변호사이고, 아내와 아이가 있고, 베르사유에 집이 있고, 모차르트 팬이고 등등 모든 것이 제자리에 있는 것처럼 보이죠. 그런데 갑자기 아내가 자신에게 낯선 사람이 되었다고 느낍니다. 이 순간 그는 이행의 단계에 접어들고, 영화가 시작됩니다. 이게 제가 제 영화에서 하려는 일이에요. 예를 들어

•   Frieda Grafe, *Licht aus Berlin*, Brinkmann and Bose, 2003.

〈바바라〉는 이행의 단계에 있는 인물에서 시작합니다. 그녀는 처벌을 받아 이 지방에 오게 되는데, 이곳에 정착할 의사가 전혀 없습니다. 그녀에게는 일시적인 것이에요. 그녀는 서독의 연인이 국경을 넘을 수 있는 방법을 찾아주기를 기다리고 있을 뿐입니다. 영화는 로맨스가 이행의 상태를 어떻게 방해하는지를 다룹니다.

분명 이주민과 난민이 처한 상황은 끔찍하지만 이 상황을 촬영하는 것은 흥미롭습니다. 어떻게 다시 살 곳을 찾을까요? 정착할 장소를 찾고 나면 더 이상 이야기할 것이 없습니다. 『통과비자』는 하나의 언어를 발명하는 특별한 소설입니다. 주인공은 마치 옛 대륙과 자신을 이어주는 모든 것을 거부하는 사람 같아요. 기억과 추억을 말이죠. 그는 "나는 새 사람이야, 세상에 새로운 모습으로 나타날 거야"라고 말합니다. 이런 의미에서 그는 지극히 현대적인 인물입니다. 저는 이 인물을 〈네 멋대로 해라〉(장뤽 고다르, 1960)의 벨몽도에 비유할 수 있을 것 같습니다.

크리스티안 페촐트

〈네 멋대로 해라〉

새로운 형식으로 세계에 나타나고 싶어 하는 인물의 유치한 불손함

모노폴: 졸링엔[*]   크리스티안 페촐트

　　에마뉘엘 보브는 『베콩레브뤼에르Bécon-les-Bruyères』[°]의
초상화에서 사실 장소라고 하기 어려운 교외를 묘사한다.
기차역, 집과 거리가 모여 있는 곳. 사람들은 이 비장소, 머
나먼 프랑스 촌구석을 비웃었다. 중심가도 동네도 없는 곳.
그러던 어느 날 유랑 서커스단이 도착한다. 단원들은 이 비
장소에서 텐트 칠 곳을 고른다. 이 순간부터 베콩레브뤼에
르 사람들은 중심을 갖게 된다.
　　그들의 동네, 졸링엔은 멋진 이름을 가진 마을이 모여
있는 곳이다. '높은 곳에'를 뜻하는 아우프데어회Aufderhöhe에,

- 　《카르고》, 42호, 2019, 19쪽.
○ 　에마뉘엘 보브가 1927년 출간한 이 소설의 제목은 파리 교외의 실제 지역 이름이다.

'냄비 농장Aufderhöhe'을 뜻하는 칸넨호프Kannenhof, '카스퍼 습지'를 뜻하는 카스퍼스브로이히Caspersbroich. 하지만 서커스단이나 유랑단이 졸링엔에 중심이 생기도록 졸링엔을 찾는 일은 없었다. 광란의 도시계획이 이곳을 만들었다. 아무런 소속 극단도 가지고 있지 않은 극장, 피프스 아스무센과 같은 한심한 코미디언이 공연하는 극장이 만들어졌다. 시청, 간선도로, 보행 구역이 만들어졌다. 그러다 어느 화창한 날 쇼핑몰 투름파사주Turmpassage가 생겼다. 상점이 들어선 일종의 지하 통로였다.

영화관에 가고 싶을 때도 우리는 절대 졸링엔의 영화관에는 가지 않았다. 우리는 항상 뒤셀도르프, 쾰른 또는 부퍼탈의 영화관에 갔다. 이들 도시의 영화관은 웅장한 외관, 멋진 진열창, 세련된 이름을 갖고 있었다. 사보이Savoy, 룩소르Luxor, 필름팔라스트Filmpalast 같은 이름 말이다.

1970년대 말, 어머니는 유명한 북클럽의 회원이었다. 그 시즌의 주요 도서를 구매하면 근처 영화관 프로모션 쿠폰을 얻을 수 있었다. 그 무렵 나는 처음으로 투름파사주의 영화관 모노폴에 대해 듣게 되었다. 이 쇼핑센터를 자주 지나쳤지만 영화관이 있다는 것을 눈치 챈 적이 없기 때문에 이 소식은 놀라웠다. 아주 저렴한 할인쿠폰(어떤 티켓이나 2마르크)을 손에 쥐고 우리는 영화관을 찾아 쇼핑센터에 가서 임대

기간이 한 달도 채 남지 않은 볼품없는 상점들을 지나쳐야 했다. 그리고 마침내 영화관에 도착했다. 신발 가게에 어울릴 법한 로비와 포스터 몇 장이 전부였다. 그곳은 의심할 여지 없이 당시 '발리 키노Bali Kino'•라고 불렸던 영화관, 즉 기차역에 있는 영화관과 비슷했다. 쇼핑에 지친 오후, 마을로 돌아가는 버스를 기다리는 지치고 조급한 사람들이 잠시 머물 수 있는 장소를 제공하려고 했다.

영화관은 서글프고 텅 비어 있었다. 나는 로비에서 '졸링엔 마을 필름스튜디오'라는 브로슈어를 발견했다. 필름스튜디오가 일주일에 한 번 이곳 모노폴에서 프로그램을 기획했다. 프로그래머는 니하르트 쿠나트와 악셀 뷔퍼였다. 그들은 혹스, 멜빌, 무르나우 주간을 조직했다. 그들은 극장을 찾는 적은 관객 수에도 아랑곳하지 않는 열광적인 이들이었다. 당시 우리가 젊고 새로운 학생이었다는 점이 그들에게 희망을 주는 것 같아 보였다. 단골들은 이미 꽤 나이가 들었고 지친 기색이 있었기 때문이다. 우리는 영화에 대한 글을 많이 읽었고 대부분의 영화를 글로만 알고 있었다.

• '발리Bali'는 'Bahnhof-Lichtspiele', 곧 '기차역 극장'의 약어다. 독일의 다큐멘터리영화 감독 올리버 슈베옴의 2015년작 〈시네마 페르베르조Cinema Perverso〉를 떠올려볼 수 있을 것이다.

우리는 가끔 프로그래머들에게 〈터부Tabu〉(F. W. 무르나우, 1931) 〈스트롬볼리Stromboli〉(로베르토 로셀리니, 1950) 〈시골에서의 하루〉(장 르누아르, 1946) 같은 영화를 요청했다. 이들이 우리의 이런 요청에 미소를 지을 것을 알고 있었다.

이곳에서 우리는 보는 법을 배우고, 영화에 대해 배웠다. 이후 쾰른의 시네마테크와 뒤셀도르프의 극장에서 계속해나가게 될 견습생 생활을 시작했던 것이다.

졸링엔 모노폴에서 처음 본 영화는 〈블로우 업Blow-Up〉(미켈란젤로 안토니오니, 1966년)이었다. 데이비드 헤밍스가 전형적인 작은 영국 집들이 늘어선 거리를 걸어간다. 그리고 구멍, 철제 울타리, 보이지 않는 문이 있다. 그 문을 통과하면 넓은 공원이 펼쳐지고 영화가 시작된다.

보이지 않는 이 문, 우리가 보지 못한 채 지나치던 쇼핑센터의 영화관, 이 둘은 함께 존재하는 것이다. 그래서 나는 커다란 문을 열며 시작하는 영화보다, 살짝 비집고 들어갈 만한 작은 틈새로 우리를 끌어들이는 영화를 좋아한다.

1979년 6월 필름스튜디오 프로그램

예술가와 장인

주류 텔레비전에 반대하며, 그 변두리에서, 텔레비전과 모순을 빚으며 해온 작업은, 좋든 싫든 텔레비전에 대한 논평이라 할 수 있다. 나는 줄곧 이것이 매우 창의적인 일이라고 생각한다.

도미니크 그라프,
〈세 가지 삶〉 감독들의 서신교환

크리스티안 페촐트는 열여덟 편의 장편영화를 연출했으며, 그중 여덟 편은 텔레비전용으로 제작되었다. 2003년 베를린영화제에 초청되기 전, 텔레비전용으로 기획된 〈볼프스부르크〉까지 포함하면 아홉 편이다. 1995년부터 2002년까지 그가 만든 작품들은 주로 텔레비전영화였다. 〈파일럿〉〈쿠바 리브레〉〈페트라〉〈죽은 남자〉 등이 그 경우다. 페촐트는 이후 영화로 전향했으나 2011년 이후 정기적으로 텔레비전에 복귀한다. 먼저 동료 영화감독인 크리스토프 호흐하우슬러, 도미니크 그라프와 일종의 공동 프로젝트 〈세 가지 삶〉에 참여해 하나의 사건을 세 가지 버전으로 변형하는 작업에 착수했다. 그 후 페촐트는 2015년부터 2018년까지 범죄 드라마 〈폴리차이루프 110〉의 세 에피소드를 촬영했다. 그의 필모그래피는 영화와 텔레비전 사이의 끊임없는 대화이다. 연출 면에서나 주제 면에서 페촐트는 이 두 미디어의 관계에 대한 질문을 멈추지 않는다. 페촐트의 졸업 작품인 〈파일럿〉은 여러모로 중요하다. 독일 채널 ZDF에서 제작한 이 텔레비전영화의 도입부 장면은 두 주인공 중 한 명이 일하는 화장품 회사에서 벌어지는 일을 담는다. 그녀는 우연히 텔레비전에서 프랭크 시나트라 쇼를 보고 있는 동료들을 맞닥뜨린다. 동료 중 한 명이 "프랭크 시나트라는 죽었어. (…) 텔레비전이 뭔가 멋진 걸 보여주는 건 누군가가 죽었다는 뜻이지." 이 장면은 영화를 보존하는 매체로서의 텔레비전과 영화 사이의 대화를 만들어낸다. 프랭크 시나트라는 (〈파일럿〉이 제작되고 3년이 지난) 1998년에야 죽는다. 페촐트의 이 첫 장편 작품은 그가 죽기 전에 방영될 예정이었기 때문에 이 장면은 자기 조롱의 성격을 띠고 있다.

〈파일럿〉은 라이벌 관계인 (페촐트 어머니의 직업이던) 화장품 회사의 여성 외판원 둘이 가부장제가 강요하는 규칙에 반항하며 힘을 합쳐 〈델마와 루이스〉(리들리 스콧, 1991) 스타일의 탈출을 감행하는 이야기다. 이 텔레비전영화는 각각 영화와 텔레비전을 상징하는 **로드무비**와 B무비가 혼합된 작품이다. 1960년대 말 로드무비는 뉴아메리칸시네마와 뉴저먼시네마의 사랑을 받으며 서부극의 후계자로서 대형 스

〈파일럿〉

텔레비전에 나온 프랭크 시나트라

크린에 적합하게 제작되며 존재감을 드러냈고, 같은 시기 B 무비를 끌어들인 것은 텔레비전이었다. 특히 독일에서는 범죄드라마가 큰 인기를 끌었고 그 수명은 놀라울 정도로 길었다. 그 유명한 〈타토르트Tatort〉는 1970년부터 방송되었고 이에 대한 동독의 라이벌인 〈폴리차이루프 110〉은 1971년부터 방송되다 통일 후에는 서독의 텔레비전 환경에도 안착했다. 페촐트는 텔레비전이 일종의 박물관, 즉 오래된 영화를 방영하고 영화에 관한 기록을 보관할 수 있는 아카이브가 되기를 바랐던 것 같다. 그는 종종 텔레비전에 이런 역할을 맡기려고 시도했지만 소용이 없었다. 그는 텔레비전을 끊임없이 방영 중인 박물관으로 만드는 것을 꿈꿨다. 하지만 이 꿈에는 존재론적 모순이 있었다. 박물관은 반드시 고립된 별개의 장소여서, 관람객은 자신을 멈추고 가두기 위해 그곳에 간다. 반면 텔레비전은 항상 개방적이고 연속적인 흐름 속에 있다. 뉴스의 급류는 허구와 현실을 같은 흐름으로 전달한다. 대중은 일상생활 중에 이를 시청한다. 박물관은 작품을 분리하고 식별함으로써 작품의 가치를 인정하지만, 텔레비전은 이를 해체한다. 반면에 영화는 박물관과 마찬가지로 잠시 멈춰서 고립시키고, 완성된 작품을 숙고하고, 따라서 일시적으로라도 작품의 재구성을 제안한다. 그렇기 때문에 텔레비전은 앞으로 나아가는 것을 멈추지 않는 반면, 영화는 작품의 제작

크리스티안 페촐트

과정을 되돌아본다(물론 이런 주장은 미래주의적이거나 환상적으로 들릴 수도 있다).

*

페촐트는 이 인터뷰에서 영화와 텔레비전이 서로 주고받았던 영향을 일종의 향수와 함께 허심탄회하게 들려준다. 또한 그는 텔레비전에서 특히 번성했던 영화 장르인 범죄영화에 대해 이야기한다. 아마 이 때문에 페촐트는 범죄영화에 그토록 많은 흥미를 느끼는 것이리라. 페촐트의 모든 영화에는 탈옥, 사기, 성매매, 살인, 복수 등의 범죄가 등장한다. 이 시네아스트는 범죄자를 촬영하는 것이 예술작품이 만들어지는 과정, 감독이 영화를 연출해내는 모습, 그러다 휴식 시간에 담배를 피우는 순간까지 포착하는 일과 다르지 않음을 우리에게 매우 섬세한 방식으로 전달한다.

네 번째 대화

이전 인터뷰에서 감독님 영화의 특징을 설명하기 위해 사용했던 아름다운 표현, 즉 "색채를 지닌 누아르 시리즈"라는 말씀을 다시 떠올려보고 싶습니다. 이 표현은 한편으로는 영화 장르의 문제, 다른 한편으로는 영화와 텔레비전의 관계라는 두 가지 근본적인 측면에 관해 생각해볼 수 있게 해줍니다. 첫 번째 지점부터 시작해보지요. 장르영화, 특히 '누아르 시리즈' 취향에 대해 말씀해주시겠어요?

저는 범죄가 등장하지 않는 영화는 단 한 편도 만들어본 적이 없는 것 같아요. 저는 범죄에 관심이 많아요. 범죄에는 해방에 대한 열망이 담겨 있어요. 이 관계에서 벗어나고 싶고, 부자가 되고 싶고, 이 마을을 떠나고 싶고……. 하지만 인내하고 싶지 않아서 무언가 죄를 짓게 되죠. 그런데 그걸 어떻게 감당해야 할까요?

크리스티안 페촐트

영화는 범죄가 인간적일 뿐 아니라 인간을 인간으로 만든다는 것을 보여줍니다. 샤브롤의 〈부정한 여인〉을 예로 들어보겠습니다. 여기 억눌린 존재 안에서 완전히 굳어져버린 커플이 있습니다. 남편이 아내가 바람을 피우고 있다는 사실을 깨닫기 전까지는 말이죠. 그는 아내의 애인을 죽입니다. 범죄를 통해 그는 자신이 사랑을 하고 있고, 자신에게 열정이 있다는 것을 깨닫습니다. 범죄는 또한 온전하게 인간적일 수 있는 가능성을 제공합니다. 그것이 제 영화가 탐구하고자 하는 것입니다.

〈볼프스부르크〉는 종종 멜로드라마로 묘사되곤 합니다. 하지만 우리는 많은 영화에 대해 그렇게 말할 수 있을 겁니다! 게다가 멜로드라마라는 관념은 지나치게 연극을 연상시키는 면이 있습니다. 하지만 저는 연극과 영화가 서로 아무 관련이 없다고 생각해요. 사실 〈볼프스부르크〉를 표현하는 가장 적절한 단어는 '범죄영화'지요. 조르주 심농이 쓴 소설이 '범죄소설'이라고 말하는 것과 같은 의미에서 그렇습니다. 무슨 사건이나 '범죄 이야기'로 만들 수 있어요. 예를 들어 〈볼프스부르크〉에서 외도, 거짓말, 은폐 등은 일상적인 일이에요. 제게는 이런 것들이 이미 범죄 이야기입니다! 그런 일로 감옥에 가지는 않지만 스스로 정신의 감옥에 갇히게 되죠. 잘못을 다루는 이야기('어떻게 하면 그 잘

못을 만회할 수 있을까? 어떻게 하면 다시 인간이 될 수 있을까?')
는 모두 제게는 범죄 이야기입니다. 그런 의미에서 '범죄 이
야기'가 반드시 '탐정 이야기'인 것은 아닙니다.

독일어가 아니라면 이 뉘앙스를 표현하는 것은 어렵습니다·······. 프랑
스어에서 우리가 흔히 '탐정물'이라고 부르는 장르가 독일어로는 '범죄물'
이라는 이름을 갖지요.

예, 이상한 일이죠. 그건 독일에서 경찰이 국가사회주의
시절 파시스트 조직의 기관이었기 때문입니다. 탐정영화요?
불가능해요. 우리는 탐정물을 만들 수 없어요! 프랑스인도
미국인도 할 수 있지만 독일인은 할 수 없습니다. 독일인들
은 '범죄영화'라고 해야 합니다.

감독님 영화는 모두 범죄와 관련이 있다고 말씀하셨는데, 〈어파이어〉
에는 범죄가 없는 것 같습니다.

사실입니다. 하지만 영화는 범죄의 발자취를 따라갑니
다. 범죄영화는 항상 공포, 꿈과 관련이 있습니다. 밤에 꾸
는 꿈에는 종종 박해와 잘못에 관한 이야기가 나오죠·······.
레온은 일종의 **스토커**이자 절도범입니다. 그는 들키지 않고
다른 사람의 삶에 침입하고, 다른 사람의 일기를 읽고, 소지
품을 뒤지고, 보이지 않게 몸을 숨긴 채로 다른 사람들을 관

　　　　　　　　　　　　　　　크리스티안 페촐트

찰합니다.

이것은 작가의 자리이기도 하지만 범죄자의 자리이기도 합니다. 사실 그가 관찰하고 있는 이가 방향을 틀어 그에게 시선을 던지자마자 그는 두려움을 느낍니다. 잘못이 있기 때문이죠. 그래서 이 영화는 엄밀히 말하면 범죄영화가 아니지만 그 장르의 흔적이 그대로 남아 있는 영화예요.

요컨대, 〈어파이어〉는 일종의 범죄자 작가의 초상화입니다……. 우리는 창작자가 관찰하고 있는 대상이 창작자에게 시선을 되돌려주는 주체가 되는 순간을 다시 발견합니다. 아마도 범죄영화에 대한 감독님의 취향은 이런 반영적 측면에서 비롯된 것이겠죠! 동시대의 범죄영화를 어떻게 정의하시겠습니까?

사실 범죄영화라는 장르는 더 이상 존재하지 않습니다. 예전에는 B무비, 탐정영화, 혹스의 〈스카페이스〉(1932)로 대표되는 갱스터영화가 있었어요. 오늘날 이런 고전 영화장르는 더 이상 존재하지 않습니다. 텔레비전이 이 장르를 대신 맡게 되었는데, 그 이유는 아주 간단합니다. 바로 프티부르주아들이 범죄를 좋아하기 때문입니다. 그 결과 범죄영화는 상당히 진화했습니다. 이제 영화가 기억하고 있는 것은 장르의 기원 정도입니다. 예를 들어, 제가 최근에 보고 정말 걸작이라고 생각한 〈굿 타임〉(베니 사프디·조슈아

관찰되고 있는 이가 관찰자 쪽으로 몸을 돌린다

© Schramm Film, photo: Christian Schulz

사프디, 2017)이 바로 그런 경우입니다. 텔레비전이 리노 벤투라나 장 가뱅이 연기한 고전 범죄영화의 인물들을 빨아들였습니다. 이런 인물들은 이제 텔레비전드라마나 넷플릭스에 다시 등장하고 있습니다. 그런 드라마 일부는 매우 훌륭합니다. 저는 영국드라마 〈강River〉(2015)을 정말 좋아합니다. 그러나 드라마로 인해 현대 영화가 범죄영화 장르를 재창조할 것을 강요받고 있는 것이 사실입니다. 저는 최근 몇 년 동안 본 범죄영화를 떠올리며 '이전의' 범죄영화와 무엇이 다른지 자문하는 것을 좋아합니다. 〈로스트 인 더스트〉(데이비드 매켄지, 2016)나 시드니 루멧의 마지막 영화 〈악마가 너의 죽음을 알기 전에〉(2007)를 보면 더는 범죄 플롯이 우선되는 영화가 아니라는 것을 알 수 있습니다.

감독님 영화는 죄를 지은 인물을 다룬다는 점에서 범죄물이라고 할 수 있지만, 영화 안에서 경찰이 주요한 역할을 하는 경우는 없습니다.

제가 〈폴리차이루프 110〉 시리즈에서 연출한 에피소드는 고전적인 의미의 범죄영화입니다. 저는 범죄영화에서 경찰서장이라는 캐릭터는 늘 사생활을 가지고 있지 않다는 것을 깨달았습니다. 멜빌의 영화에서나 돈 시겔의 영화에서나 경찰관은 항상 외로운 늑대입니다……. 집에 가서 셔츠를 갈아입을 뿐 사생활이 없죠. 반면 갱스터는 화려

하고, 활기로 가득 찬 캐릭터입니다. 경찰관에게는 자녀가 없지만 갱스터에게는 항상 수십 명의 자녀가 있습니다. 갱스터들은 정글을 형성하며 범죄자들의 열정을 통해 살아가는 경찰관에게 먹이를 주는 유기적 생명체입니다. 제가 〈폴리차이루프 110〉을 위해 촬영한 에피소드에서 경찰서에 여자가 있다면 흥미로울 것이라고 생각했습니다. 마티아스 브란트와 바르바라 아우어가 연기한 두 경찰관은 사생활을 가지려고 노력합니다. 하지만 그들은 이미 너무 피폐해진 상태여서 사생활을 갖는 것에 어려움을 겪습니다.

다른 제 영화들은 어떤 죄를 지은 인물이 등장한다는 점에서 '범죄영화'라고 할 수 있습니다. 범죄는 항상 갈망과 욕망의 표현입니다. 캐릭터는 죄를 저지르고, 의무를 지키지 않죠. 그 이유는 무엇일까요? 그는 더 이상 견딜 수 없는 평범함을 뒤로하고 떠나고 싶어 하기 때문입니다. 그는 고독, 범죄의 고독 속에 존재합니다. 여기에서부터 이야기가 시작됩니다. 저는 캐릭터가 부자가 되고 싶어 하는지, 이 사람과 자고 싶어 하는지 저 사람과 자고 싶어 하는지에는 관심이 없습니다. 제가 관심을 갖는 일은 범죄 **이후에** 일어나는 일입니다. 아마도 저는 형사소송 전문 변호사 친구 중 하나가 해준 이야기에 영향을 받은 것 같아요. 그 친구는 영장과 경찰이 제공한 범죄 수법, 서류 뭉치부터 이야기를 만들

크리스티안 페촐트

어야 합니다. 제 영화에서 제가 만들기 좋아하는 것도 그런 것이에요. 복잡하고 이해하기 어려운 상황을 이해할 수 있게 하려고 노력하는 것입니다. 그리고 이 일은 항상 사후에 일어납니다. 어떤 일이 일어났죠. 〈열망〉에서 니나 호스는 **이미** 빚이 있고 사랑이 없는 결혼을 했습니다. 〈바바라〉에서 바바라는 **이미** 출국 허가를 신청했습니다. 범죄를 저질렀지만 여전히 사회의 일원이 되고 싶어 하는 사람들은 어떻게 될까요? 돌이켜보면 이 질문이 제 영화의 핵심이라는 인상을 받게 됩니다.

결국 범죄영화라는 장르는 사회와 사회질서에 대한 질문과 연결됩니다.

예전에는 범죄가 하나의 증상이었습니다. 오늘날 범죄는 아름다움의 한 형태입니다. 우리의 불공정한 사회는 범죄를 비난하지만 동시에 범죄자가 저지른 행위 자체에서 아름다움의 한 형태를 알아챕니다. 범죄자는 충성심을 얻고, 존경심을 얻고, 능력을 개발합니다. 숙련된 노동은 우리 사회에서 사라졌습니다. 이것들은 파괴되었고, 이내 중국으로 아웃소싱되었습니다. 마치 아무도 더 이상 여기서 일할 수 없는 것과 같습니다. 결국 범죄는 우리 사회의 마지막 노동일지도 모릅니다! 예를 들어, 마이클 만 감독의 영화 〈도둑Thief〉(1981)의 긴 시퀀스에서 제임스 칸이 정밀한 동작으로 금고를 열고 일을 끝낸 후 담배에 불을 붙이는 모습을 보세요. 20년 전만 해도 제철공이나 목수가 능숙하게 테이블을 만든 후 이런 식으로 담배를 피우는 모습을 볼 수 있었을 것입니다. 오늘날 범죄자는 노동과 감정 박물관의 한 작품입니다.

실제로 감독님 영화는 범죄자들이 일하는 모습을 보여주죠. 〈내가 속한 나라〉에서 강도는 볼프스부르크의 지도를 활용해 세밀하게 작업을 준비하죠.

〈크리미널 스쿼드〉(크리스천 구데가스트, 2018)를 보셨나요? 정말 멋진 영화예요! 동시에 완전 구식이기도 하죠. 하지만 누가, 언제, 어떻게, 무엇을 하는지 강도 행각을 준비하는 과정을 보여주는 방식이 마음에 들었어요. 등장인물들이 자기 일에 완벽하게 숙달된 모습을 볼 수 있죠. 그들은 장인입니다! 하지만 대부분의 범죄영화는 몇 분 안에 강도가 다 끝나고 호텔방에 돈을 어떻게 보관해야 할지, 어떻게 숨기고 나눠야 할지 고민하는 갱스터를 보여줍니다. 그들은 서로 다투고, 의심하고, 배신하는데, 종종 이 때문에 다 잃게 되죠. 그런 영화에서 진짜 노동이란 전리품을 얻는 일이 아니라 범죄를 저지른 후 사회에 다시 통합되는 일입니다. 저는 범죄를 준비하는 과정과 범죄 이후의 공허함, 이

크리스티안 페촐트

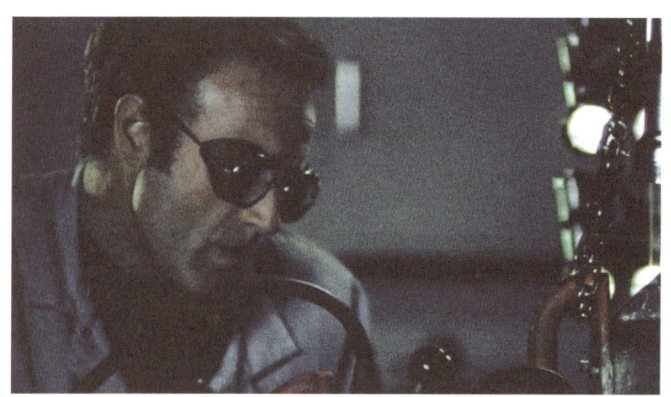

마이클 만의 〈도둑〉

두 가지 모두에 관심이 있습니다.

복권에 당첨된 이들에 대해서도 마찬가지입니다. 당첨금이 일정 금액을 넘기면 당첨자는 컨설턴트를 만나서 돈을 어떻게 사용할지 조언을 받아야 합니다. 독일에서는 의무입니다……. 그래서 어떤 사람들은 복권 당첨자에게 조언하는 일을 생업으로 삼고 있습니다! 한꺼번에 많은 돈을 딴 사람들의 운명이 가증스럽게 변할 수 있다는 것은 사실입니다. 파스빈더 감독의 훌륭한 영화 〈폭스와 그의 친구들Faustrecht der Freiheit〉(1975)은 바로 이 지점에서 출발합니다. 복권에 당첨된 한 젊은 동성애자가 친구에게 모든 돈을 빼앗겨 노숙자가 될 지경에 이릅니다. 상담사들은 이런 일을 막기 위해 존재합니다. "돈을 땄다는 사실을 아무에게도 말하지 마세요, 예전처럼 사세요"라고 조언하죠. 저는 비르지니 데팡트의 『베르농 수부텍스Vernon Subutex』를 막 다 읽었습니다. 이 책의 성공과 팝적인 아우라를 고려하면 제가 이 책을 좋아할 거라고는 생각하지 못했어요. 하지만 정말 마음에 들었어요. 정말 훌륭하다고 생각해요! 소설에는 복권에 당첨된 거의 부랑자에 가까운 캐릭터가 등장합니다. 그는 당첨 사실을 아무에게도 말하지 않았어요. 그는 인생에서 딱 한 가지를 바꿨는데, 와인을 마시고 더 좋은 품질의 치즈를 먹는 거죠. 장담하건대 어떤 상담사라도 그렇게 하길 권했을 거예요. 사회가

크리스티안 페촐트

성공한 사람들에게 즉시 달려가 그들의 성공을 규율하려는 방식이 정말 흥미롭습니다. 이로부터 수많은 이야기를 상상할 수 있습니다. 노동자계급 출신이 부자가 되면 자신의 사회적 계급을 부인하고 사치스러운 생활을 과시하고 싶은 유혹을 크게 느낍니다. 하지만 당연히 이런 일은 문제를 일으킬 수 있습니다.

영화는 서스펜스와 극적 긴장감을 만들어내는 작업입니다. 영화는 노동의 자리에 있어야 합니다. 마르크스가 말한 의미에서의 노동, 즉 임금노동을 말하는 것은 아닙니다. 영화는 임금노동을 거의 보여주지 않습니다. 최초의 영화는 공장을 떠나는 노동자의 모습을 촬영했습니다. 노동자가 직장을 떠나야만 영화가 시작될 수 있습니다. 제가 이야기하는 노동은 기계적 의미의 노동에 가깝습니다. 플롯을 하나의 노동으로, 안무와 춤처럼 사랑을 하나의 노동으로 보는 것입니다. 영화는 "이 둘은 사랑에 빠졌어"라고 말하지 않고 그 둘이 어떻게 사랑에 빠지게 되었는지를 보여줍니다. 영화는 "저 사람은 부자야"라고 말하지 않고 은행을 털거나 마약을 팔아서 어떻게 부자가 되었는지를 보여줍니다. 특히 영화는 죄책감이 작동하는 방식을 관찰하기에 매우 적합합니다. 어떻게 하면 이 잘못을 없앨 수 있을까, 어떻게 하면 억누를 수 있을까? 이 모든 것이 영화가 관찰하는 활동입니다. 영화는 지켜보는 반면 텔레비전은 확인합니다.

무슨 뜻인가요?

영화는 매우 느립니다. 영화 한 편을 만드는 데 몇 년이 걸립니다! 자금을 구하고, 촬영하고, 편집하고, 영화제에서 상영하는 데 걸리는 시간 말이죠……. 영화는 대중에게 공개되기까지 갈 길이 멀기만 합니다. 반면 텔레비전은 빠르게 움직이고, 그렇게 움직이도록 설계되어 있습니다. 하지만 저는 항상 영화가 텔레비전보다 한 발 앞서 있다는 인상을 받습니다. 기후 위기, 우크라이나 전쟁, 핵무기 등 현재 닥쳐오고 있는 모든 것을 영화는 오래전부터 다뤄왔습니다. 영화는 항상 과거를 돌아보는 긴 과정의 결실이기 때문에, 영화는 미래를 예감할 수 있습니다. 영화에 세상은 고고학적 채굴이 필요한 광산과 같습니다. 역겨운 음악(사실은 아주 좋은 음악이지만 영화에는 잘 어울리지 않는 경우가 많습니다)이 깔린 1970년대의 가장 **저렴한** 이탈리아 작품에서조차, 영화는 이제 막 생겨나는 세상의 무언가를 포착합니다. 그리고 영화의 환경은 텔레비전영화의 환경과 완전히 다르다는 점을 잊지 말아야 합니다. 영화관을 위한 영화는 방송 프로그램 편성과는 아무런 관련이 없으며, 그 앞에 나오는 텔레비전 뉴스와 그 뒤에 나오는 토크쇼의 흐름에 휩쓸리

크리스티안 페촐트

지 않습니다. 영화관을 위한 영화는 사회적 문화의 일부입니다. 영화는 레스토랑에서 식사를 하고 바에서 칵테일을 마시는 사이에 접하게 됩니다. 식사를 하고, 영화를 보고, 음료를 마시며 수다를 떠는 것이 바로 우리가 '문화'라고 부르는 것입니다.

오후 8시 뉴스와 11시 정치 프로그램 사이에 방송되는 텔레비전영화의 그런 상황이 감독님이 만든 텔레비전영화에서는 흥미롭고 생산적으로 작용하나요?

건축가와 마찬가지입니다. 작품을 위치시킬 환경을 잘 알고 있어야 합니다. 어떤 사람들은 박물관이나 관공서만 짓기도 합니다. 하지만 아파트를 설계하고 사람들이 행복하게 살 수 있는 장소를 상상하는 것도 좋은 일입니다. 감독에게 텔레비전은 공공임대주택을 짓는 것과 비슷한 일일 것입니다……. 영화도 공익에 기여해야 하지만 그렇지 않은 경우가 너무 많습니다. 방금 케네스 브래너의 〈벨파스트〉(2021)를 봤는데, 솔직히 포스트모던 시대, 포스트 코로나19 시대에 어떻게 그런 영화를 만들 수 있는지 궁금했습니다. 더 이상은 불가능하죠! 영화는 항상 단편적이에요. 영화는 관객이 컷 너머로 상상력을 발휘해야 하는 예술입니다.

감독님은 텔레비전용 작업을 어떻게 구상하나요?

텔레비전용 작업은 제게 항상 박물관을 떠올리게 했습니다. 어쨌든 텔레비전은 저의 어린 시절과 관련이 있습니다. 그래서 저는 종종 젊은 시절의 저에게 보내는 듯한 작은 디테일을 텔레비전영화에 넣어두곤 합니다. 텔레비전은 방대한 아카이브에 수백만 시간의 영상을 보관하고 있습니다. 그럼에도 그 아카이브를 활용하거나 텔레비전의 기억 문화를 구축하려고 노력하지 않습니다. 저는 텔레비전 시리즈로 경찰물을 만들면서 어렸을 때 텔레비전에서 보았던 1970년대 탐정 시리즈를 떠올리며 그렇게 하려고 노력했습니다.

텔레비전영화로 기획된 〈볼프스부르크〉는 결국 장편영화로 상영되었습니다. 이러한 변화, 영화와 텔레비전의 관계를 어떻게 보시나요?

영화는 공영 텔레비전보다 훨씬 더 자본주의의 법칙을 따릅니다. 영화는 관객을 끌어들여야 자금을 조달할 수 있지만, 텔레비전은 시청자가 있든 없든 이미 작품의 자금을 조달한 상태입니다. 하지만 텔레비전은 대개 광고의 논리를 따라 시청자가 '예' 또는 '아니오'로 반응하도록 강요하는 경우가 많습니다. 시청자를 신뢰하지 않기 때문에 시청자의 손을 잡는 거죠. 반면 영화는 관객의 지지에 의존하지

크리스티안 페촐트

않는 내러티브, 즉 독립적으로 존재하는 내러티브를 제안합니다. 저는 이 역설이 매우 흥미롭습니다. 텔레비전은 시청자의 재정적 부담이 훨씬 적은 반면, 무언가를 팔아야 하는 대상, 즉 고객처럼 시청자를 취급합니다. 영화는 관객을 사랑하고 영화제작 과정의 필수적인 부분으로 여깁니다.

한편으로, 텔레비전은 영화의 박물관이어야 하지만 영화적 유산을 보관하는 역할을 하지 않습니다. 더 이상 영화를 방영하지 않거나 적어도 오래된 영화는 거의 방영하지 않습니다.

1956년에 제작된 돈 시겔의 영화 〈신체 강탈자의 침입 Invasion of the Body Snatchers〉을 예로 들어보겠습니다. 다소 직접적인 리메이크가 여러 차례 있었습니다. 1978년 도널드 서덜랜드가 출연한 필립 카우프만의 동명의 영화, 1988년 존 카펜터의 〈화성인 지구 정복They Live〉이 대표적입니다. 이 영화들을 함께 보면 세상에 대한 어떤 관점, 그리고 시간이 지남에 따라 그 관점이 어떻게 진화해왔는지를 알 수 있습니다. 그런데 세상에 대한 비전을 전달하는 것은 텔레비전의 의무 중 하나였습니다! 그런 의미에서 텔레비전은 자신이 해야 할 역할을 더 잘 수행한 영화에 불쾌감을 느꼈습니다! 텔레비전의 제작자들은 영화에 분노했습니다…… 마치 나토의 푸틴처럼요. (웃음) 그리고 이제 그들은 더 이상

영화 판권을 사지 않고 영화를 방영하지 않는 등 복수를 하고 있습니다. 안토니오니의 영화를 텔레비전에서 방영하려면 모니카 비티가 죽어야 합니다! 저는 그런 일이 영화의 살아 있는 기억을 잇는 것이라고 생각하지 않아요…….

오히려 그런 일은 치명적이고 먼지투성이입니다. 텔레비전은 시사와 연관되어 있기 때문에 영화를 그저 보여주는 것만이 아니라 영화를 그 자체로 보여줘야 합니다. 하지만 오늘날 영화를 그 자체로 보고 싶다면 시네마테크에 가야 합니다.

당신은 이제 시네마테크가 다루는 인물이 되었습니다. 프랑스에서는 2022년 앙제프르미에플랑페스티벌에서의 회고전 이외에도 2018년 퐁피두센터에서 당신과 하룬 파로키의 공동 회고전이 열렸습니다. 어떻게 생각하셨나요?

정말 기뻤어요. 퐁피두센터가 개관했을 때 저는 열여섯 살이었어요. 뒤셀도르프에서 퐁피두센터를 보기 위해 유럽 철도 티켓을 사 먼 길을 달려갔던 일이 기억나요! 퐁피두센터를 좋아하는 이유는 엘리트주의가 전혀 없기 때문이에요. 티켓을 사지 않고도 박물관의 일부를 무료로 이용할 수 있어요!

무료 입장이었던 파로키 관련 전시회도 그런 경우였죠.

네, 정말 좋았어요. 한 스크린에서 다른 스크린으로 이동하는 전시의 구성이 매우 잘되어 있었어요. 저는 하룬과 20년 넘게 함께 일했기 때문에 전시된 문헌 대부분을 당연히 알고 있었어요. 하지만 전시 방식 때문에 다른 시각으로 보게 되었죠. 전시 공간은 예술적이라기보다는 매개론적으로 구성되어 있었어요. 하룬이 제스처와 언어에 대해 이야기한 문헌이 많았어요.

몸이 영화의 원재료라는 것은 사실입니다. 스탠 로럴, 찰리 채플린, 버스터 키튼을 보세요! 토키talkie 영화 그리고 텔레비전이 등장하면서 대사의 설욕이 시작되죠. 사실 텔레비전에서는 몸이 완전히 사라집니다. (저에게는 이것이 영화와 텔레비전의 또 다른 근본적 차이입니다.) 우리는 이제 더는 손을 볼 수 없어요! 또 인터뷰에서는 소리를 자연스럽게 연결하기 위해 잘라내는 것이 더 많죠. 하지만 손은 매우 중요하고 영화적인 요소입니다. 퐁피두센터에서 열린 전시에서 손의 역할을 분석한 하룬의 영화 〈손의 표현Der Ausdruck der Hände〉(1997)을 다루었는데 이 작품 속 손을 통해 우리는 노동을 볼 수 있게 됩니다. 동시에 손은 긴장과 같은 감정을 표현하기도 합니다…….

앞서 말씀하신 '노동'이라는 개념으로 다시 돌아가보겠습니다. 감독님 영화(특히 〈파일럿〉)는 인물의 손과 몸을 많이 촬영합니다. 특히 인물들이 움직일 때는 더욱 그렇습니다.

베를린영화텔레비전아카데미에서 저는 운 좋게도 위대한 영화평론가이자 이론가였던 헬무트 파버의 수업을 들을 수 있었습니다. 그는 베를린파로 알려진 영화감독들에게 항상 "지금 여기에서 사람들이 살고, 사랑하고, 서로를 포용하는 방식을 보여주는 영화를 만들어야 한다"고 말하곤 했습니다. 그리고 저는 그것이 정말 진실이라고 생각합니다. 아마도 거기에서 1940년대 영화에 대해 제가 느끼는 매력이 비롯된 것 같습니다. 로버트 시오드맥의 〈살인자들The Killers〉(1946)에서 버트 랭커스터가 침대에서 일어나는 장면을 보면 제2차 세계대전을 피해 도망친 사람들의 피로와 고뇌가 느껴집니다. 그는 그런 피로를 연기하는 것이 아니라 그저 그 안에 있는 것입니다.

험프리 보가트가 담배를 피우는 모습이나 리타 헤이워스가 옷을 벗는 모습도 마찬가지입니다. 단순한 도상학이 아니라 실제로 한 시대가 그들 안에, 그들의 몸 안에 담겨 있습니다. 고다르의 〈여자는 여자다Une femme est une femme〉(1961)를 보면 안나 카리나가 침대에 들어가기 전에 먼지가 묻지 않도록 기계적으로 발바닥을 닦는 장면이 나옵니다.

크리스티안 페촐트

〈살인자들〉

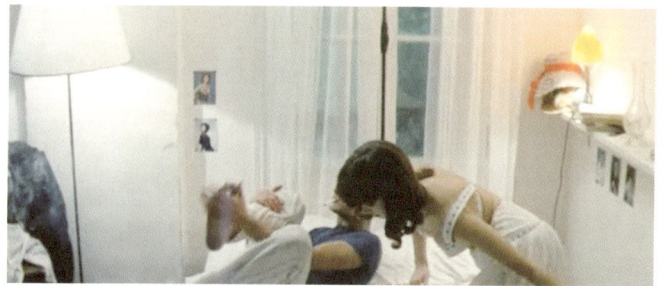

〈여자는 여자다〉

영화에 영원히 기록된 멋진 제스처입니다!

저는 당신의 영화가 점점 더 육체적이고 관능적인 연기를 하는 방향으로 진화하고 있다는 인상을 받았습니다. 예를 들어 파울라 베어와 프란츠 로고브스키는 매우 육체적인 배우들입니다. 특히 〈운디네〉를 위해 이런 특성이 필요했나요? 예를 들어 다이빙 장면에서요?

독일은 프랑스인들이 높이 평가하는 훌륭한 연극 전통을 가지고 있습니다. 연극연출가 오스터마이어는 프랑스에서 진정한 스타입니다! 명문인 에른스트 부슈 연극예술학교Hochschule für Schauspielkunst Ernst Busch에서 교육을 받은 일부 독일 배우들은 라인강 건너편에서 이름을 알렸습니다. 예를 들어 저와 많은 작업을 함께 한 니나 호스가 그렇습니다. 프란츠 로고브스키와 파울라 베어는 완전히 다른 전통에 속한 배우입니다. 그들은 연극학교를 다니지 않았습니다. 그들은 원래 무용수였습니다. 이들이 무대와 공간에 접근하는 방식에서 이를 확인할 수 있습니다. 저에게는 새로운 작업 방식이죠. 배우들이 제 앞에서 만들어내는 춤에 맞춰 미장센, 촬영, 조명 등을 조정해야 하죠.

〈운디네〉에서는 모든 수중 장면이 정말 안무로 연출되었습니다. 프란츠 로고브스키는 건강상의 이유로 다이빙이 금지된 상태였는데, 의사가 영화 촬영을 위해 다이빙을 허

락해줘서 매우 기뻤습니다. 파울라 베어는 프랑스에서 촬영했던 영화*를 위해 이미 다이빙 레슨을 받았지만, 물속에서 가끔 공황발작을 일으키곤 했습니다. 한 배우는 새로운 요소와 경험에 흥분한 상태였고 다른 배우는 두려움을 극복해야 하는 상태였어요. 그렇게 저는 매우 강력한 개인적 경험을 하고 있는 두 배우를 가지게 되었죠. 정말 멋졌어요! 물론 이 모든 일이 말없이 순수한 안무로서 이루어졌습니다. 그 장면들은 우리의 첫 번째 촬영이었고, 어떤 의미에서는 영화의 나머지 장면에 역동성을 부여했습니다. 배우들은 촬영 초반부에 대해 많은 것을 기억하고 있습니다. 사실 저는 꽤 자랑스러운 마음을 가지고 있던 대사를 많이 지웠어요! 더 이상 우리가 만들고 있는 영화와 어울리지 않았기 때문입니다.

• 앙토냉 보드리의 2019년작〈울프 콜〉.

중재 회의[*]   크리스티안 페촐트

금요일에 나는 S21슈투트가르트21[**] 프로젝트에 대해 네
번째로 열린 중재 공청회를 시청했다. 이 세션은 피닉스 채
널에서 생중계되었다.

반대자들은 종착역의 원칙이 유지되길 원했기 때문에 프
로젝트 반대운동에 'Kopfbahnhof종착역'의 K를 따서 K21이라

- 《카르고》, 2010년 11월 15일. 원문은 다음 주소에서 확인할 수 있다. https://www.cargo-film.de/anderes-kino/medienbeobachtung/schlichterrunde/

•• 슈투트가르트21은 슈투트가르트 철도 교차로 현대화 프로젝트로, 이 종착역(따라서 막다른 지점)을 경유 역으로 탈바꿈시키는 프로젝트이다. 이 대형 프로젝트는 독일 내에서 많은 비판과 대규모 시위를 촉발했다. 2010년 11월 기독교민주연합 의원 하이너 가이슬러가 주재한 회의는 격론을 중재하기 위한 절차였다. 이 회의가 도출한 중재안은 한 번도 받아들여지지 않았다. 2011년 9월 28일 국민투표는 이 프로젝트를 비준했지만 반발과 시위는 계속되고 있다.

는 이름을 붙였다. 역은 부분, 영역, 모듈로 설계되고 개발될 예정이었다. 프로젝트는 매우 명확했다.

S21 압력단체가 조금씩 흔들리기 시작했다. 참석자들은 모든 대안이 결국 받아들여지지 않는다고 판단했다. 그래서 이들은 공청회의 메커니즘 자체를 문제 삼았고, 중재를 맡은 가이슬러는 미소를 지었다. 반대파는 이 유명한 판결이 분명 독립성 없는 전문가의 보고서에 근거해 작성되었다는 것을 강조하면서 논의를 새로운 국면으로 전개했고, 그때 방송 시간이 끝났다. 가이슬러는 역시나 생방송으로 중개될 다섯 번째 중재 공청회 방송을 예고했다.

이 공청회는 최근 텔레비전에서 내가 본 것 중 최고였다.

여기에는 어떤 극본도 없었기 때문이다. 항상 말하는 사람이 보였다. 설계도와 도면이 있는 슬라이드가 보였다. 때때로 공간을 볼 수도 있었다. 그리고 이와 같은 방식으로 우리는 정치를 보았다. 우리는 대의정치의 구성원을 보았고, 그들의 인상, 자세, 상호 의존성을 보았다. 껍데기에서 벗어나지 못하는 얼어붙은 연설도 보았다. 우리는 생각이 공식화되는 데 걸리는 시간을 보았다.

우리가 보지 못했던 것도 있다. 편안해하거나 긴장한 손, 즐거워하거나 불안해하는 청중. 그런데 오늘의 텔레비전은 바로 이 손, 청중을 담은 이 숏을 필요로 한다. 스포츠 프로그램, 다큐멘터리, 토크쇼 등에서 그렇다. 이런 숏은 우리를 더는 생각하지 않도록 한다. 각종 기술과 음향효과로 가득찬 방송 연출, 어떤 발언을 지지하거나 반박하는 청중의 리액션을 담는 연출. S21에 대한 이 방송에는 그런 것이 전혀 없었다. 1970년대의 축구 중계와 비슷했는데, 당시 해설자 에르브스트 후베르티는 공을 차고 있는 선수의 이름만 불렀다. 코치진의 벤치는 경기 시작이나 추가시간 전에만 보여주었으며 경기장 관중은 프로그램에서 음향으로만 존재감을 드러냈었다.

텔레비전 연출의 부재가 K21 캠프를 그렇게 설득력 있게 보이게 만들었던 것인지 잘 모르겠다. 어쨌든, 그 덕분에 우리는 권력을 바로 그 장소에서 볼 수 있었다. 권력의 도발적인 행위자들. (⋯) 가부장적 외양을 띤 채 K21 캠프를 패배자 무리처럼 보이게 하려 했던 기독교민주연합 당원들. 소비에트 공산당 중진重鎭과 영리한 투자 담당자가 기이하게 뒤섞여 있던 독일 국영 철도 회사 경영진⋯⋯. 연출이 부재했던 탓에 우리는 이 모든 것을 **볼** 수 있었다.

(⋯) 피닉스에서 방송되는 프로그램을 가져와서 영화학과 학생들에게 **극적으로** 만들어달라고 부탁할 수도 있을 것이다. 하지만 우리는 그냥 있는 그대로 볼 수도 있다. 그렇게 해서 우리는 프로파간다가 파묻어두었던 것을 다시

크리스티안 페촐트

분별할 수 있을 것이다.

비표현성이 가장 큰 인상을 남긴다.

고다르는 1952년에 쓴 에세이 「고전적 데쿠파주에 대한 옹호와 소묘Défense et illustration du découpage classique」에서 "나는 이렇게 단언할 수 있다. 롱숏으로는 극단적 혼란, 내적 흥분, 동요를 결코 담아낼 수 없다고. 왜냐하면 미디엄숏이야말로 전혀 표현적이지 않은 그 비표현성 때문에 이런 감정을 더 강렬하게 드러낼 수 있기 때문이다"라고 말한다.

다섯 번째 세션은 이번 주에 방송될 예정이다.

기원에서

물론 그는 집 안의 따스한 온기 속에서 졸며 시간을 보내지 못하고 선선한 밤을 거닐고 있다는 사실에 기분이 상하지 않았다. 하지만 그가 제대로 생각을 한다면 자신의 집보다 더 달콤한 곳은 세상에 없다고 여길 것이다. 그래서 그는 기차가 지나가는 소리만 들어도 얼굴을 붉히곤 했고, 향수로 착각할 수 있는 묘한 고뇌를 느꼈던 것이다.

조르주 심농,
『지나가는 기차를 바라보던 남자 L'Homme qui regardait passer les trains』

"언젠가는 우리만의 장소를 찾게 될 거야." 〈파일럿〉의
도입부에서 한 인물이 말한다. 크리스티안 페촐트의 첫 장
편영화에서 가장 먼저 등장하는 이 대사로부터 거의 30년
이 지나 열여덟 번째 영화가 만들어진 지금, 그의 영화에서
우리는 하나의 **작품 세계**라고 부를 만한 일관성을 확인할
수 있다. 페촐트의 인물은 매 영화에서 현실보다 더 이상적
인 곳, 자신이 욕망하는 것을 가질 수 있는 곳을 향해 도망
친다. 범죄를 저지르고 도주 중이거나(〈파일럿〉 〈볼프스부르
크〉), 망명 중이거나(〈내가 속한 나라〉 〈바바라〉 〈트랜짓〉), 환
상 속 장소를 동경하거나(〈쿠바 리브레〉), 너무 잔인한 현실
을 부정하는(〈피닉스〉) 등 그 모티프는 무한히 다양하다. 페
촐트는 너무 정치적으로 들릴 수 있는 도피라는 용어보다

표류라는 보다 추상적인 용어를 선호한다. 우리는 여기서 그의 영화를 관통하는 핵심에 다가선다. 페촐트의 영화는 질서 정연한 서사와 절제된 극작술로 마치 인물의 표류만이 작품을 이끌어가는 듯하다.

페촐트 영화의 또 다른 주제는 돈과 일이다. 페촐트의 캐릭터는 항상 사회적 현실에 뿌리를 두고 있다. 그들은 일한다. 의사(〈바바라〉), 외판원(〈파일럿〉), 기업가 및 패스트푸드점 관리자(〈열망〉), 성매매 여성(〈페트라〉), 자동차 딜러 또는 백화점 직원(〈볼프스부르크〉), 대체복무 요원 또는 청소원(〈죽음보다 나은 것〉), 산업 잠수부 또는 역사학자(〈운디네〉), 소설가 또는 출판업 종사자(〈어파이어〉) 등 다양한 직업을 가진 인물들이 등장한다. 일이라는 주제는 분명히 돈과 연결되어 있다. 특히 처음 세 편의 텔레비전영화에서 등장인물들의 **표류**는 꿈을 이루기 위해 필요한 돈을 구하려는 과정에서 저지르는 절도, 폭행, 사기와 관련이 있다. 이후 영화에서도 돈은 매우 중요한 요소로 남아 있는데, 페촐트는 돈의 물질성을 촬영한다. 〈내가 속한 나라〉에서는 다리 밑에 묻었다가 무가치해진 돈이 등장하고, 〈옐라〉에서는 아버지가 옐라로부터 받은 돈다발이 그녀가 마지막 꿈속에서 붙잡는 유일한 대상이 되며, 〈바바라〉에서 바바라의 연인은 그녀에게 서독 화폐를 몰래 건네며 바다를 건널 때 젖지 않도록 방수 포장하라고 권한

돈의 이행

〈내가 속한 나라〉의 과거 지폐

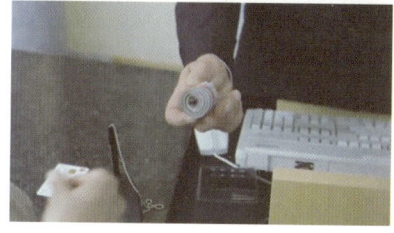

〈옐라〉의 마지막 꿈속 현실의 흔적, 아버지가 주는 돈

다. 인물들과 마찬가지로 돈도 이행 중이다.

　캐릭터의 **표류**와 사회적 리얼리즘에 대한 크리스티안 페촐트의 취향은 그를 1990년대 유럽 작가영화, 가령 클레르 드니와 다르덴 형제 같은 감독과 더 가까워지게 한다. 그렇지만 한편으로 현실에 끊임없이 의문을 제기하는 방식 역시 페촐트 영화의 특징이다. 감시 카메라(〈내가 속한 나라〉 〈볼프스부르크〉), 두 시간성의 충돌(〈트랜짓〉) 또는 환상적인 순간(〈옐라〉, 〈운디네〉의 물 또는 〈어파이어〉의 불)은 모두 반복되는 요소로, 현실과의 거리두기를 도입해 현실의 불안정성 및 판타지와의 다공성을 보여준다.

　페촐트 영화의 또 다른 특징은 그가 설정한 글과 스크린 사이의 매우 특별한 관계다. 그의 영화 중 일부에서는 문학적 소재가 분명히 드러난다. 안나 제거스의 소설 『통과비자』, 헤르만 브로흐의 「바바라Barbara」, 위베르 몽테예의 『재의 귀환』, 그림 형제의 동화 「유령Das Gespenst」이 페촐트 영화에 영감을 주었다. 〈운디네〉의 경우 구전 전설에서 잉에보르크 바흐만에 이르기까지 오랜 게르만문학적 전통에 기대고 있기도 하다. 〈어파이어〉에서는 화창한 여름날 저녁 디너파티가 끝나고 등장인물들이 하인리히 하이네의 시 「아스라L'Asra」를 낭송한다. 페촐트는 때때로 조르주 심농, 특히 소설 『눈은 더러웠다La neige était sale』와 『마주 보고 있는 사람들

Maigret et l'homme du banc』과 관련된 여러 프로젝트를 언급한다. 하지만 페촐트는 자신이 영감을 받은 소설을 직접적으로 각색하지 않는다. 영화에 찰나적으로 등장하는 문학적 참조와 마찬가지로 영화의 분위기와 의미를 살찌울 뿐이다. 〈바바라〉 속 렘브란트 그림을 해석하는 장면에서 W. G. 제발트의 『토성의 고리』가 인용되거나 〈내가 속한 나라〉에서 『모비딕』의 특정 구절이 암시되는 것이 그런 예시다. 페촐트 영화에서 다른 사람의 작품은, 그것이 문학이든 영화든 관객의 사유를 촉발한다.

페촐트의 영화는 3부작으로 구분하고 싶은 충동을 느끼게 한다. 세 편의 첫 텔레비전영화를 묶은 돈 3부작, 〈내가 속한 나라〉 〈유령〉 〈옐라〉로 이루어진 유령 3부작, 〈바바라〉 〈피닉스〉 〈트랜짓〉의 역사 3부작, 〈운디네〉와 〈어파이어〉가 그 첫 두 작품을 이루는 원소 3부작 등이 그렇다. 그러나 이런 구분은 페촐트의 작품 전체를 관통하는 내러티브 주제와 극적 모티프를 간과하게 할 수 있다.

*

추억과 일화로 가득한 이 인터뷰에서 페촐트는 청소년기부터 최근작인 〈어파이어〉까지의 시기를 아우르며 이야기한다. 그는 베를린영화텔레비전아카데미에서 보낸 청년 시절과 그곳에서 배운 극작법에 관해 말한다. 음악을 그토록 아낌없이 사용하는 이유와 표류라는 모티프에 매료되어 모든 캐릭터를 **표류자**로 만들게 된 이유에 대해서도 설명한다. 크리스티안 페촐트가 쓴 〈시티 라이트〉(1931)에 대한 리뷰는 영화 역사상 가장 유명한 방랑자(찰리 채플린)의 방황을 따라간다.

크리스티안 페촐트

다섯 번째 대화

위키백과에 따르면 영화에서 드라마투르기dramaturgy**란 "녹화된 재현물의 핍진성이라는 환상으로 서사를 만드는 기술"입니다. 감독님은 어떻게 생각하시나요?**

제가 1990년대 베를린영화텔레비전아카데미에 다니던 시기는 독일에서 완전한 패러다임 전환이 일어나던 시기입니다. 정치적으로는 헬무트 콜°과 기독교민주연합이 빚은 대서양주의가 있었고, 문화적인 변화도 있었습니다. 사람들은 즐기고 싶어 했고, 삶과 새로운 형태의 사치를 향유하려고 했어요. 샴페인을 마시며 '남해의 우울함'에 관한 노래를

°   독일의 기독교민주연합 소속 정치인이었으며 서독 및 통일 독일의 총리를 지냈다.

듣고 싶어 하는 일종의 쾌락주의가 도래했죠……. 사실 그게 잘못된 것은 아닙니다. 영화계는 기존의 문학적 각색에서 벗어나고 싶어 했습니다. 이를 위해 베를린영화텔레비전아카데미는 시나리오작가, 시드 필드° 같은 스크립트 닥터를 미국에서 많이 초빙했습니다. 솔직히 저는 항상 그것이 일종의 사기라고 생각했습니다. '메소드연기'나 액터스 스튜디오°°와 조금 비슷한 거죠. 배우가 무언가를 연기하기 시작하면 선생님이 "캐릭터가 아침에 뭘 먹었는지 내게 말해봐"라고 물어보며 끼어들어요. 베를린영화텔레비전아카데미에서 했던 대본 워크숍도 비슷했어요. 한 장면을 쓰면 미국에서 온 선생님이 "네 캐릭터의 주머니에서 뭘 찾을 수 있을까? 바지 주머니를 살펴볼 수 있겠어?"라고 묻죠. 이런 건 제게는 돌팔이 같은 질문입니다. 감각적이고 혁명적으로 들리지만 별 의미가 없어요. 1970년대에는 미국의 주류영화가 훨씬 더 흥미로웠어요! 하지만 1980년대 이후부터는 〈원초적 본능〉(파울 페르후번, 1992)과 같이 매우 절제된 형태가 주류가 되었습니다. 매우 능숙하지만 항상 똑같아요! 완전히 상호 교환할

○   미국의 시나리오작가. 『시나리오란 무엇인가』를 비롯해 여러 권의 작법서를 집필했다.
○○   미국 뉴욕시에 위치한 배우 양성소.

수 있는 이야기들이죠. 뉴욕, 베를린 또는 상파울루에서 같은 이야기를 할 수 있어요. 이건 동질화로 이어집니다. 음악계에서는 이런 일이 일찍이 벌어지고 있었습니다. 1970년대에 스웨덴 사람들은 아바와 함께 미국 팝을 모방하기 시작했고, 심지어 원작보다 더 잘하는 경우도 생겼습니다. 그런 다음 이런 일이 시나리오와 영화로 퍼졌습니다. 우리가 모방하도록 배운 것은 시드니 루멧의 영화가 아니라 규격에 따라 가공된 90분짜리 형식이었습니다. 그리고 이 표준화된 극작법이 일부 동료 학생들에게 받아들여지는 건 매우 불안한 일이었어요.

도피는 감독님 시나리오의 기본 요소입니다.

정치적 의미를 내포하는 도피보다는 표류라고 이야기하고 싶어요. 제 캐릭터는 표류자라고 할 수 있습니다. 오드리 헵번이 영화 〈티파니에서 아침을〉(블레이크 에드워즈, 1961)에서 부른 노래 〈문 리버Moon River〉를 좋아합니다. **"세상을 보러 떠나는 표류자 두 사람, 세상에는 볼 것이 참 많구나"**.

하지만 우리 모두는 표류하는 것, 표류하는 자신을 발견하는 것, 선을 벗어나는 것을 두려워합니다. 그것은 두려움인 동시에 열망이기도 합니다. 그래서 저는 심농의 소설을 정말 좋아합니다. 오래된 음반을 듣듯이 다시 읽고는 해

〈티파니에서 아침을〉

"세상을 보러 떠나는 표류자 두 사람"

요. 심농이 쓴 것은 탐정소설이지만, 이 소설에서 줄거리는 중요하지 않아요. 중요한 것은 등장인물들이 표류하는 순간이죠. 저는 요즘 『지나가는 기차를 바라보던 남자』를 읽고 있습니다. 집, 아내, 자식 등 모든 것을 다 가진 한 남자의 이야기입니다. 어느 날 저녁 산책을 나갔다가 사창가 맞은편 나이트클럽에서 술에 취한 상사의 모습을 보게 됩니다. 그는 충격과 놀라움을 금치 못합니다. 곧 그는 자신이 다니는 회사가 파산했다는 사실을 알게 됩니다. 그래서 그는 이전에는 그저 바라보는 것으로 만족했던 기차를 타고 아내와 아이를 남겨둔 채 표류하기 시작합니다. 이때부터 소설이 본격적으로 시작됩니다. 정말 마음에 들어요.

이것은 제 자전적 이야기를 떠올리게 합니다. 1970년대 초 첫 번째 석유파동이 닥쳤을 때 아버지는 직장을 잃었습니다. 부모님은 세 아이들이 미래를 가질 수 있길 바랐지만, 주택을 구입하기 위해 받은 대출금을 여전히 갚고 계셨어요. 갑자기 아버지가 실직자가 되었습니다. 4년 동안 말이죠. 그동안 아버지는 **표류**했다고 할 수 있습니다. 집이라는 공간조차도 아버지에게 더는 적합하지 않았습니다. 우리가 살던 주택단지는 일과 가족이라는 규범에 따라 설계되었습니다. 침실, 욕실, 거실, 주방이 있었습니다. 그게 전부였어요. 아버지가 하루를 보낼 수 있는 다른 방은 없었습니다. 그 시절에는 학교에서 돌아오면 차 안에서 음악을 들으며 술을 마시는 아버지를 자주 보곤 했어요. 당시 아버지는 알코올의존자가 되었고 결국 돌아가셨습니다. 집이 아닌 곳에서 술을 마시며 재즈를 듣는 일이 아버지의 **표류**였죠. 저는 시나리오나 연출에서 이 분위기를 재현하려고 하지는 않았어요. 그렇지만 **나중에 보니** 저변에 깔려 있는 경우가 많았어요. 아버지는 재즈 음악이 흘러나오는 차 안에서 행복해 보이셨고, 도취한 표정을 짓고 계셨죠. 물론 그것은 절망이었어요. 아버지는 절망으로 돌아가셨죠. 하지만 그 순간만큼은 아버지가 행복해 보였습니다. 일찍 부모가 되고 일하느라 묻어두었던 약속과 열망을 재발견하고 있었으니까요. 그 이미지가 저에게 매우 중요했던 것 같아요.

제게 깊은 인상을 남긴 이 시기의 또 다른 이미지가 있습니다. 우리 주택단지에는 실버 쿠겔 아니면 실버콜이라는 이름을 가진 여성이 살았습니다. 그녀는 매우 아름다웠어요. 사춘기에 접어든 십대인 우리들에게 그녀는 당연히 욕망의 대상이었죠. 우리가 꾸던 모든 에로틱한 꿈은 그녀에 관한 것이었습니다. 그녀는 엔지니어와 결혼했지만 어느 화창한 날, 잼을 파는 세일즈맨과 함께 떠나버렸어요. 단지 전체에 많은 당혹감을 불러일으킨 연애였습니다. 사랑 때문에, 열정 때문에, 어쩌면 불만 때문에 사회적으로 타락

크리스티안 페촐트

하기를 선택한 여성. 그것은 분명히 **표류**의 한 형태입니다.

정든 세상과 일상을 갑자기 떠나야 하는 사람들은 항상 제 관심사였습니다. 이민자, 난민 또는 갑자기 실직자가 된 사람일 수도 있습니다. 무엇보다 제가 흥미를 느끼는 것은 이 비행을 통해 그들이 아주 오래된 욕망과 열망에 다시 연결된다는 사실입니다. 이것은 항상 이야기에 큰 힘을 줍니다. 사실 대부분의 이야기는 이런 방식으로 만들어져요. 거의 모든 서사는 붕괴의 가능성과 그 붕괴가 가져올 수 있는 아름다움에 대한 이야기입니다. 발터 벤야민은 「이야기꾼Der Erzähler」이라는 아주 훌륭한 글을 썼습니다. 벤야민은 고대문학이 우리에게 조언한다고 말합니다. 예를 들어 우화를 들 수 있죠. 제 영화 〈유령〉은 그림 형제의 우화 「유령」의 영감을 받았습니다. 매우 감동적인 이야기면서 교훈도 담고 있습니다. 한 아이가 죽었을 때 그 아이가 떠날 수 있게 해야 한다는 교훈입니다. 그렇지 않으면 아이가 끔찍한 유령으로 돌아와 여러분이 그 애를 위해 계속 준비하는 식사 시간에 여러분을 사로잡을 것이고, 여러분의 삶은 공포영화처럼 변할 거라는 거죠. 이것은 매우 직설적이고 받아들이기 어려운 조언이에요. 벤야민은 「이야기꾼」에서 소설에서 이러한 조언의 문학이 사라진다고 설명합니다. 소설들은 주인공이 더 이상 어떤 조언을 받아들여야 할지, 어떤 도덕을 따라야 할지 모른다는 사실 자체를 주제로 삼습니다. 『감정 교육』은 여러분에게 어떤 조언도 제공하지 않습니다! 그럼에도 우리는 이 소설을 읽습니다. 『마담 보바리』나 『빌헬름 마이스터의 수업시대』를 읽는 이유가 뭘까요? 등장인물의 몰락을 다룬 이 작품들을 열렬히 읽는 이유는 무엇일까요? 이러한 인물들은 몰락하는 과정에서 전소되는데 우리는 그 불씨를 통해 우리 자신을 따뜻하게 할 수 있기 때문입니다. 우리는 조언이 아니라 따뜻함을 찾고 있습니다. 이것이 바로 제가 **표류**의 본질이라고 부르는 것입니다.

따라서 대부분의 감독님 영화에서 극적, 서사적 핵심인 이 일탈은 매우 소설적인 면을 가지고 있을 것입니다. 그렇지만 감독님은 소설 이전의 고대문학에서도 많은 영감을 얻으셨군요. 방금 그림 형제의 이야기에서 영감을 받은 〈유령〉을 언급하셨지만, 독일 기원의 전설을 재해석한 〈운디네〉에 대해서도 생각해볼 수 있습니다. 또는 신화적 차원의 송장영화인 〈영혼의 사육제〉(허크 허비, 1962)의 환상적 재해석인 〈옐라〉도 있습니다.

영화는 구전으로 내려오는 이야기와 매우 밀접한 관련이 있습니다. 그래서인지 실버콜 부인은 저에게 큰 영향을 미쳤습니다. 그녀의 이야기는 우리 주택단지에서 집집마다 전해지게 되었죠. 그리고 우리 아이들은 그 이야기의 관객

크리스티안 페촐트

이었어요. 무엇보다, 우리는 부모님의 이야기를 듣는 관객이었어요. 부모님들이 이 여성에 대해 이야기하던 것 말이죠. 그건 우리가 나눈 모든 대화와 모든 이야기의 중심에 있었습니다. 저는 우리가 보고 들은 것을 다시 이야기하는 방식 안에 근본적으로 영화적인 무언가가 있다고 생각합니다. 영화에는 모든 사람이 이야기하지만 사람마다 조금씩 다르게 말하는 그런 유의 이야기가 있습니다. 그렇기 때문에 언제나 같은 이야기를 다시 들려줄 수 있습니다. 하워드 혹스는 자기 자신의 영화를 리메이크하기도 했어요! 완전히 비슷하면서도 동시에 완전히 다른 영화를 만들었죠.

제가 다니던 고등학교에서 뒤셀도르프 출신의 한 남학생은 두 학년을 유급했습니다. 그래서 그는 이미 열여덟 살이었고 운전면허증을 가지고 있었으며 무엇보다도 우리가 아직 볼 수 없었던 영화를 볼 수 있었습니다. 공부방에서 숙제를 하는 대신 우리는 그의 주위를 빙 둘러싼 채 그가 영화에서 본 것에 대해 이야기하는 것을 들었습니다. 영화란 그런 것이었어요! 영화는 매일 저녁 실버콜 부인의 이야기를 다시 꺼내고 말을 덧붙이는 주거 단지 내의 가십거리 같은 것입니다. 매일 같은 장소에서 같은 이야기가 반복됩니다. 그녀에게 무슨 일이 있었던 걸까? 그녀는 왜 그랬을까? 그는 그녀에게 어떤 잼을 줄 수 있었을까? 앵두는 최음제인가? 당신은 이런 질문이 액터스 스튜디오 선생님과 미국 스크립트 닥터가 묻는 질문보다 훨씬 더 흥미롭다는 데 동의하실 거예요!

〈어파이어〉에서 주인공 레온은 모든 것을 통제하고 있다고 생각합니다. 하지만 그의 문제는 바로 자신을 놓아주지 못하는 것이 아닐까요? 모든 형태의 표류를 거부하는 것 아닐까요? 그는 혹시 모를 표류로부터 자신을 보호하기 위해 수영이나 배드민턴을 함께 하자는 즉흥적인 초대를 거절합니다.

레온은 의심할 여지 없이 일을 통해 자신의 정체성을 찾는, 일종의 개신교 윤리를 내면화하고 있어요. 하지만 레온이 실제로 일을 하는 것은 아니에요. 그는 일을 시뮬레이션하면서 자신의 정체성을 시뮬레이션합니다. 그는 이민자나 망명자보다는 훨씬 덜 비극적이지만 흥미로운 중간 영역에 존재하는 것이죠. 생각보다 많은 사람이 신분을 속이고 이에 바탕을 둔 거짓말로 평생을 살아가죠. 모파상의 작품에는 그런 인물들이 많이 등장하는데, 이들은 할 일도 없고 존재의 정당성도 찾지 못하지만 일에 빠져 허우적대듯 극도로 바쁜 것처럼 행동합니다. 레온은 코믹한 면이 있는 인물입니다.

밀라노에서 철학을 공부하던 친구들과 함께 떠났던 저

크리스티안 페촐트

의 어릴 적 여행에 대해 촬영 전에 배우들에게 많이 이야기 했어요. 우리는 세스토 산 조반니에 있는 호스텔에 머물렀어요. 당시 저는 베를린자유대학교에 막 입학했고 첫 논문을 써야 했어요. 장 보드리야르의「쿨 킬러 또는 기호의 반란Kool Killer ou l'insurrection par les signes」에 관한 논문이었죠. 산 조반니는 축제 분위기에 젖어 있었어요. 제 기억이 맞다면 토킹 헤즈의 콘서트가 열렸고 이탈리아 공산당 유니타가 주최한 파티도 많이 열렸어요. 제 친구들 모두 파티에 갔죠. 파티 같은 즐거운 일로 가벼운 유혹이 벌어지는 시간이었어요. 그때 저는 보드리야르를 공부한다는 핑계로 숙소에 머물렀어요. 공부를 제대로 하지는 않았지만 나가서 놀고 싶은 충동을 참았기 때문에 우월감을 느꼈어요. 사실 이건 꽤 천박한 감정이지만 많은 지식인은 이미 이런 감정을 경험했죠.

표류나 일탈은 그 자체를 목적으로 삼는 것이어서 탈출과 같지 않습니다. 그럼에도 감독님 영화는 자주 '탈출 지점'을 표시하곤 합니다. 〈쿠바 리브레〉에서의 쿠바, 〈볼프스부르크〉에서 신혼여행의 목적지인 섬, 〈바바라〉에서의 서독, 〈트랜짓〉의 신대륙 등이 그렇지요. 의미심장한 점은 감독님의 첫 영화인 〈파일럿〉이 에펠탑 전경을 담으며 시작해 다른 각도로 이 기념비적 건축물을 보여주며 마무리된다는 점입니다.

아버지가 실직 상태일 때 어머니는 "에이본 레이디Avon Lady"라고 불리는 일을 했어요. 투퍼웨어 파티°의 안주인처럼 일했는데 에이본 화장품 브랜드를 위한 일이었어요. 어머니는 이웃들을 집으로 초대해서 제품의 샘플이 담긴 작은 상자를 열어보게 하고 팔았어요. 향수는 파리, 런던, 뉴욕, 도쿄 같은 이름을 가지고 있었어요……. 그리고 어린 시절 저는 당연히 침실의 반쯤 열린 문을 통해 그 과정을 지켜보았습니다. 이 주택단지에 살던 대부분의 여성은 주부였습니다. 그 일상생활에 쫓기며 오랫동안 꿈을 묻어둔 상태였죠. 그런데 갑자기 어머니의 집에서 파리나 뉴욕 같은 도시의 이름을 딴 샘플들 덕분에 자신들이 묻어두었던 욕망이 건들여지는 느낌을 받습니다. 제 첫 번째 영화는 이런 분위기에서 많은 영감을 받았습니다. 다른 사람들에게 꿈을 팔면서 그 꿈의 핵심에 다가가고자 하는 화장품 회사 외판원의 이야기입니다. 영화 초반에 에펠탑이 나오는데, 이 에펠탑은 파리, 모든 아름다운 패션과 상업 연극 속 짜릿한 음모의 기원으로서의 파리라는 신화의 정점입니다……. 꿈이

° 플라스틱 밀폐 용기 회사인 투퍼웨어는 1950년대 미국 가정 내 사교 모임에서 제품을 소개하고 판매하는 마케팅 전략을 사용했다. 투퍼웨어 파티는 이러한 사교 모임을 뜻한다.

〈파일럿〉

에펠탑을 찍은 첫 번째 각도

영화의 마지막 숏

이루어진 마지막에는 다른 각도에서 에펠탑을 다시 보게 되죠.

하지만 당신도 〈파일럿〉의 이야기를 알고 있듯, 에펠탑에 오르기 위해 주인공은 탈선하고 돈을 훔쳐야 했어요. 다시 말하자면, 꿈은 단순하고 정직한 노력만으로는 이룰 수 없습니다. 오직 범죄만이 여러분을 여러분이 꿈꾸는 곳으로 데려다줄 수 있습니다. 어쨌든 우리는 사람들의 갈망을 광고, 약속, 영화로만 채우거나 모든 것이 잘될 것이라고 생각할 수는 없습니다! 〈파일럿〉은 계속하기를 거부하는 외판원의 이야기입니다. 그녀는 이렇게 말합니다. "더 이상 꿈을 팔고 싶지 않아요. 제 꿈을 이루고 싶어요."

영화 〈볼프스부르크〉에는 두 주인공이 쿠바에서 신혼여행을 준비하는 장면이 나옵니다. 그들은 관광가이드 카탈로그를 훑어보고 있습니다. 카탈로그 속 한 페이지를 클로즈업한 장면에서 볼 수 있는 것은 쿠바에서 여전히 눈에 띄는 오래된 미국 빈티지 자동차 사진입니다⋯⋯. 쿠바는 박물관 같은 섬입니다. 저는 사람들이 자동차와 햇살이 있는 이 사진을 보길 바랐어요.

1940년대 영화, 예를 들어 〈빅 슬립The Big Sleep〉(하워드 혹스, 1946)에서도 자동차는 오늘날 우리가 알고 있는 것과는 달랐어요. 비가 오면 형사는 차 안에 머물러요. 자동차는 실

크리스티안 페촐트

〈볼프스부르크〉

쿠바의 자동차

용적인 기능을 가지고 있었죠. 이런 자동차는 현대적이긴 하지만 그저 로드무비를 찍기 위해 사람들이 올라타는 1950년대 자동차와는 달랐죠. 단지 차를 몰기 위해 모는 차, 사람들이 몰고 있는 차가 그들 자신의 어떤 면모를 드러내는 더글러스 서크 영화 속 자동차도 아닙니다. 〈빅 슬립〉에서 자동차는 험프리 보가트에 관해 아무 말도 하지 않습니다. 반면에 1950년대에 자동차는 사회적 지표가 됩니다. 그리고 쿠바에서 여전히 이 자동차들이 쓰이고 있습니다. 1950년대의 꿈, 1950년대 영화가 운반한 꿈의 흔적이 남아 있는 것입니다. 이들은 카탈로그 이미지입니다. 미국인이나 독일인은 아스테릭스 공원에 가듯이 그곳에 갈 겁니다! 영화 속 부부는 정치적으로 좌파 성향을 가진 섬에 갑니다. 하지만 사실 그들은 아메리칸드림, 자동차산업의 부상 등 우익 이데올로기와 더 밀접한 꿈을 전시하는 1950년대 박물관을 방문하죠(게다가 신혼여행 중인 부부는 자동차 딜러 가족 출신이죠)……. 저는 이들이 자신의 꿈이자 영화의 꿈을 전시하는 박물관을 방문하기 위해 길을 떠난다는 것이 좋습니다.

감독님 영화에 드러나는 또 하나의 일관된 주제와 극작법 요소는 현실의 취약성, 현실과 허구 사이의 다공성, 서로 다른 현실들 혹은 현실과 환상 사이의 투과성입니다.

크리스티안 페촐트

최근에 르누아르의 〈시골에서의 하루〉를 다시 봤어요. 이 영화는 제가 무척 좋아하는 영화 중 하나지요. 이 영화는 〈어파이어〉에 매우 많이 등장합니다. 르누아르는 마치 화가가 그리듯 현실을 찍습니다. 그는 우리가 매일 보는 것을 다르게 볼 수 있게 해주죠. 그리고 이 점은 제가 동시대 영화에서 아쉬워하는 것입니다. 〈버닝〉(이창동, 2018)처럼 젊은 한국영화의 경우를 제외하면요. 〈버닝〉은 현실적이면서도 동시에 완전히 새로운 방식으로 한국을 촬영합니다. 독일인들도 예전에는 그런 방법을 알고 있었습니다. 빔 벤더스는 우리가 마치 서부극 속에 있는 것처럼 풍경을 촬영했었죠. 부퍼탈을 샌프란시스코인 것처럼 촬영하면서 독일을 멋지게 담아내는 데 성공했었어요!

영화는 이런 방식으로 존재들을 촬영할 수 있습니다. 평범한 아버지가 갑자기 괴물로 변하는 장면이 대표적입니다. 아니면 〈도둑맞은 키스Baisers volés〉(프랑수아 트뤼포, 1968)에서 신발 가게 장면도 마찬가지입니다. 이상한 음악이 흘러나오고 빈 가게는 유령선 같아 보여요. 그리고 델핀 세리그가 출연합니다. 영화는 그녀를 매우 우아하고 무척이나 자연스러운, 아름다운 모습으로 촬영했죠.

이건 어떤 초현실주의의 형식에 도달하는 일이 아니라 우리에게 무엇인가를 되돌려주는 이미지, 우리를 다시 바

〈도시 속의 앨리스〉(빔 벤더스, 1974)

〈도둑맞은 키스〉

라보는 이미지를 생산하는 일이에요. 제가 바라는 것은 꿈꾸어진 세계, 투영된 세계를 연출하는 일이 아니라 현실 안에서 꿈의 형태를 찾는 것이에요.

그게 바로 '환상적'의 정의지요. 일상에서 예기치 않은 일이 갑자기 일어나는 것 말입니다. 이런 의미에서 감독님 영화에는 종종 정체를 알 수 없는 이미지와 환상적인 요소가 등장합니다. 우리는 인물의 환상 속에 있는 것일까요? 아니면 인물의 현실 속에 있는 것일까요? 저는 특히 〈엘라〉와 〈운디네〉를 떠올리게 됩니다.

영화는 이야기가 공간을 파고드는 순간 시작됩니다. 이런 점에서 프랑수아 오종의 최신작 〈피터 본 칸트〉(2022)는 환상적입니다! 영화의 시작은 완전히 인위적입니다. 그 스튜디오 아파트와 마찬가지로, 사실 이 리메이크 영화의 원작 감독인 파스빈더가 자신을 모델로 삼은 피터 본 칸트는 결코 제대로 기능할 수 없을 것 같은 인상을 줍니다. 딸과 함께 영화를 봤는데 갑자기 딸이 울기 시작했어요. 가장 인공적인 장치로 가장 진실한 감정을 만들어내는 것은 놀라운 영화적 성취입니다. 올리비에 아사야스는 잉마르 베리만이 가진 능력, 단 몇 초 만에 일상적 공간을 영화의 공간으로 바꾸는 능력을 강조했습니다. 즉 차를 마시고 있던 거실이 어느새 영화관, 모든 이동과 응집의 장소가 되어 있어

크리스티안 페촐트

요. 이것은 꿈의 해석과 같은 것이에요.

예를 들어 〈센과 치히로의 행방불명〉(미야자키 하야오, 2001)의 시작은 웅장하다고 생각해요. 치히로와 부모님은 버려진 유원지를 발견합니다. 부모님은 버려진 유원지임에도 불구하고 음식으로 가득 찬 포장마차에 들어갑니다. 치히로는 길을 헤매다가 한 생명체를 만납니다. 이 생명체는 치히로에게 부모님을 찾으러 갈 것, 가능한 한 빨리 떠날 것을 충고합니다. 치히로는 부모님이 식사를 하고 있는 포장마차로 돌아와 그들이 돼지로 변해 있는 것을 보게 됩니다. 현실과 꿈이 동시에 존재하기 때문에 정말 멋지죠. 이것이 제가 〈옐라〉를 만들 때 관심을 가졌던 부분입니다. 최대한 현실적이면서도 기괴한 인상을 주는 작은 요소들을 가진 영화를 만들고 싶었어요. 예를 들어 자동차는 모두 빨간색이고 드레스도 모두 같은 색이죠. 남자들도 똑같은 정장을 입고…… 축축한 느낌, 추운 느낌 말이죠. 옐라는 창고로 향하는 기차를 타고 있는데, 아버지가 준 현금다발을 갖고 있지만 신용카드는 정지되어버렸죠. 모두 악몽에서나 볼 수 있는 장면들입니다. 하지만 저는 사실적으로 촬영했습니다. 영화는 사실적인 꿈을 위한 공간입니다. 저는 현실에서 완전히 벗어난 영화는 좋아하지 않아요. 흥미를 갖지 못해요. 심지어 〈스타워즈〉도 기사騎士들에 관한 영화이기 때문에

〈결혼의 풍경〉(잉마르 베리만, 1974)

영화의 공간

현실적인 면이 있고, 〈에이리언〉도 16세기나 17세기 배 안의 실상을 차용했기 때문에 현실적인 면이 있죠.

감독님은 영화에 감시 카메라로 찍은 듯한 장면을 삽입하는 경우가 많습니다. 이 사실주의적 효과와 낯섦 그리고 거리감을 조화시킬 수 있는 방법이 있나요?

저는 특히 초기 영화에서 그런 장면을 많이 사용했어요. 미하엘 클리어의 영화 〈거인Der Riese〉(1983)에서 영향을 받았습니다. 이 영화는 감시 카메라 이미지로만 구성되었습니다. 클리어는 이 이미지들을 말러의 음악에 맞춰 편집합니다. 말러의 음악은 클래식 음악의 종말을 예고합니다. 그리고 그는 감시 카메라가 영화의 종말을 알린다고 비유적으로 말하죠. 제가 이 확언에 동의하는지는 잘 모르겠어요. 그렇지만 이 작품에서는 두드러지는 영화적 제스처가 있었어요. 앞으로 튀어나온 시점, 마치 자신이 바라보고 있는 모든 인간을 이해하지 못하는 어눌한 거인처럼 기계적인 움직임의 시점이죠. 저는 이해력도 기억도 가지고 있지 않은 이 무관심한 객체성을 보여주는 것에 흥미를 느껴요. 왜냐하면 이 이미지는 보자마자 해석하거나 상상하도록 만들기 때문입니다. 이는 해석과 현실 사이에 불일치를 만듭니다. 실제로 프랑스와 미국의 범죄영화에서는 이런 장면이 자주 등장합니다. 경찰이 어떤 의미도 생산하지 않는 기계가 녹화한 영상을 보고 있습니다. 그리고 갑자기 수사관들은 해석할 수 있는 무엇, 즉각적으로 이야기가 되는 무언가를 발견합니다.

방금 클리어는 음악을 통해 이미지에 의미를 부여한다고 설명하셨습니다. 감독님 경우엔 음악을 거의 사용하지 않죠. 음악의 극작술적 역할에 대해 좀 더 자세히 말씀해주시겠어요?

몇 년 전 마인츠대학교에서 올리비에 아사야스와 함께 일종의 마스터클래스를 진행한 적이 있습니다. 음악에 대한 주제가 나왔을 때 아사야스는 영화제작에서 가장 아름다운 순간은 편집된 영화에 음악이 추가될 때라고 말했습니다. 그의 말이 맞아요. 그 순간이 가장 아름답죠. 하지만 매우 조심해야 하는 순간이기도 합니다. 이미지 위에 얹는 음악은 항상 스토리를 전달하기 때문입니다. 우리가 나누고 있는 대화를 예로 들어보죠. 누군가 이 대화를 촬영했다면 선택한 음악에 따라 이 이미지로 다른 이야기를 전할 수 있습니다.

요즘 음악은 매우 상업적으로 변했습니다. 스포티파이를 사용하면 수많은 트랙을 사용할 수 있습니다. 음악을 영화에 사용하려면 점점 더 많은 비용이 들기도 합니다. 하지만 당신은 음악과 함께 무엇이든 팔 수 있습니다! 뮤직비디오와 인터넷광고의 모든 서사가 그래요. 길거리에서 신발을 벗고 걷는 여성을 보여줍니다. 가증스럽지만 악마처럼 잘 작동합니다. 저 역시도 이런 영상을 보면 "와 노래 멋진데, 신발 멋지다"라고 중얼거려요. 이와는 대조적으로 뮤직비디오의 미학이 느껴지지만 무엇도 팔려고 하지 않는 멋진 영화 장면, 예를 들어 〈나쁜 피〉(레오 카락스, 1986)에서 드니 라방이 데이비드 보위의 노래에 맞춰 달려가는 장면이 있습니다. 그 장면은 정말 활기를 뿜어냅니다!

하지만 저는 음악에 대한 존경심과 사랑이 너무 크기 때문에 음악을 사용하기 어려워요. 배신할 권리가 없다고 생각해요. 도덕적인 입장입니다! 예를 들어 〈어파이어〉에는 음악이 나오지만 거의 주인공들이 듣는 음악이에요. 대부분 디제시스diegesis적이죠. 〈어파이어〉의 오프닝 장면에서는 발너스의 노래가 사운드트랙으로 나옵니다. 하지만 이 장면은 어딘가 비현실적인 느낌을 가져요. 제 동생은 제가 항상 너무 차가운 영화를 만든다고 꾸짖어요. 음악이 없기 때문이에요. 하지만 저는 음악으로 감정적인 장면을 만드는 건 너무 쉬운 일이라고 생각해요.

〈어파이어〉의 디제시스적인 음악은 별장에 있는 오래된 축음기에서

〈나쁜 피〉

흘러나옵니다. 이것은 감독님이 가지고 있는 일종의 미디어적 향수인가요?
이 집은 박물관 같은 것인가요?

네, 하지만 미디어 박물관은 아닙니다. 펠릭스가 자란 가족의 행복을 담은 박물관이에요. 처음에는 프로콜 하럼의 〈어 와이터 셰이드 오브 페일A Whiter Shade of Pale〉이라는 음반이 있기를 바랐어요. 하지만 그게 완전히 시대착오적이라는 걸 깨달았죠! 그 노래는 1967년에 나온 노래인데……. 펠릭스의 부모님이 어렸을 때 들었을 음악이 아니잖아요. 결국 2002년에 나온 〈비 레이트Be Late〉라는 곡이 담긴 타워터의 음반을 선택했어요. 이 노래는 펠릭스가 어린 시절에 들었을 법해요. 1년에 5~6주 동안 머무는 별장의 매력은 그곳에 가면 시간이 멈춰 있는 듯한 느낌을 준다는 점입니다. 집은 변하지 않고 처음의 모습을 그대로 유지하죠.

생각해보면 하나의 이야기에는 집과 비슷한 면이 있습니다. 집은 스스로 서 있어야 하고 구석진 곳에도 어떤 요소들이 있어야 합니다. 그리고 배우들에게는 물리적으로 구현할 수 있는 역사(**이야기**가 아니라 **역사**)가 있어야 합니다. 저는 집의 모든 공간적 디테일에 관심이 많았어요. 부엌에는 왜 이렇게 큰 창문이 있을까요? 엄마가 정원에서 노는 아이들을 지켜볼 수 있기 위해서죠. 이 집은 왜 숲으로 둘러싸여 있나요? 이 가족은 마치 섬에 있는 것처럼 그들 자신을 고립시켜 행복한 삶을 살고 싶었기 때문입니다. 저는 관객이 이 집에서 뿜어져 나오는 행복감을 경험하고, 관객으로서 편안함을 느끼며, 무대장식이 아니라 하나의 유기체로 바라볼 수 있다고 생각해요. 그렇기 때문에 집을 존중할 수 있다고 확신합니다.

하지만 감독님은 엔딩크레디트에서는 음악을 사용합니다.

이건 분명 제가 가장 좋아하는 텔레비전시리즈 중 하나인 〈소프라노The Sopranos〉(1999~2007)의 영향입니다! 첫 시즌에 음악이 있긴 했지만, 연출을 맡은 데이비드 체이스는 이 시리즈에 음악이 없을 거라고 일찌감치 결정했다고 해요. 그는 DVD 코멘터리에서 이에 대해 설명합니다. 체이스는 단순한 이유로 엔딩크레디트에 매번 다른 노래를 사용했습니다. 노래가 액션과 잘 맞아떨어지기 때문에 우리는 우리가 본 것을 회상하며 에피소드와 시리즈를 떠나보낼 수 있게 됩니다. 거의 종교적인 느낌이 들 정도입니다! 저는 개신교 가정에서 자랐고 복음주의 교회는 음악을 잘 활용합니다. 예배가 끝날 때마다 교회 출구에는 음악이 흘러나옵니다. 음악은 우리를 다시 바깥 세상으로 인도하는 통로입니다. 일종의 **흐름**을 만들어내죠. 〈소프라노〉에서도 마찬가지입니다! 물론 노래는 결코 무작위로 선택되지 않습니다. 보통 모두가 아는

크리스티안 페촐트

곡을 선곡하죠. 장면에서 음악을 빼고 마치 해설처럼 끝에 추가한 것은 정말 대단하다고 생각해요.

저도 〈바바라〉에서 같은 일을 시작했습니다. 엔딩크레디트에 그룹 시크의 〈마침내 나는 자유로워At Last I am Free〉라는 노래를 넣었습니다. 프로듀서들은 매우 회의적이었어요. 동독을 배경으로 한 영화에 미국 음악을 사용하는 것은 이상하다고 했죠. 하지만 전 마음에 들었어요. 우선 같은 시대잖아요. 그리고 이 노래는 미국 흑인들이 자유를 위해 싸우면서도 고독 때문에 그 자유를 누리지 못하는 상황을 잘 말해줍니다. 사실 1970년대 말, **시크**한 디스코음악은 미국에서 매우 폭력적인 반응을 불러일으켰어요. 백인들은 이를 흑인, 동성애자 및 이제 막 자유를 찾기 시작한 모든 소수자와 연관시켰습니다. 나치의 책 소각을 연상시킬 만한 레코드 소각 사건이 있기도 했죠. 그래서 저에게 시크의 음악은 쇄신과 해방의 열망과 연결되어 있습니다. 이 점에서 이 음악은 〈바바라〉와 공명합니다. 음악은 이러한 공감을 형성할 수 있는 소통의 언어입니다. 〈트랜짓〉에서 토킹 헤즈의 〈로드 투 노웨어Road to Nowhere〉를 연주하는 것도 같은 방식입니다. 1985년 데이비드 번이 이 노래를 부를 때 그를 사로잡았던 고뇌는 1940년대 초 망명자들의 고뇌와 쉽게 이어질 수 있습니다.

자크 오디아르가 저만큼 〈소프라노〉를 좋아하는지는 모르겠지만, 〈예언자Un prophète〉(2009)에서 오디아르도 같은 방식으로 음악을 사용했습니다! 엔딩크레디트에서 컨트리 가수가 다시 부른 〈칼잡이 맥Die Moritat von Mackie Messer〉°을 들을 수 있어요. 저는 오페라에 대해 잘 모르지만, 쿠르트 바일과 베르톨트 브레히트가 범죄자를 오페라적 인물로 변신시켰다는 인상을 받았습니다. 〈서푼짜리 오페라〉의 등장인물은 귀족이 아니라 감옥에서 막 출소한 방랑자, 이주민입니다. 이들을 오페라의 세계에 통합하는 노래 덕분에 이들은 일종의 품위를 얻게 됩니다. 저는 그 점이 매우 마음에 듭니다. 그리고 아마도 오디아르는 〈예언자〉의 마지막에 이들에게 경의를 표하는 것이겠지요.

앞서 리얼리즘과 리얼리티에 대해 이야기했죠. 감독님 영화에서 현실은 특히 신체와 물질의 관계를 통해 감각적인 형태로 존재하는 경우가 많습니다. 〈운디네〉의 수중 장면, 자전거를 타고 바람을 가르며 달리는 〈바바라〉, 농장에서 일하는 〈열망〉 속 장면이 떠오르네요……

네 가지 요소의 역할에 대해 제가 말한 모든 것을 너

---

o   베르톨트 브레히트와 쿠르트 바일의 〈서푼짜리 오페라Die Dreigroschenoper〉의 대표곡.

무 심각하게 받아들이지 마세요. 제가 조금 과장했죠. 하지만 당신 말이 맞아요. 저에게는 영화에서 감각적인 세계를 표현하는 것이 매우 중요해요. 감각적 현실을 가리는 것은 나쁜 영화입니다. 좋은 영화는 항상 이를 표현합니다. 예를 들어 제리 루이스의 영화는 거의 대부분 스튜디오에서 촬영되어 현실과 무관하다고 생각할 수 있지만 몸의 표현력, 움직임, 관능미를 통해 현실을 포착합니다. 앞서 언급했던 〈시골에서의 하루〉에서 강을 따라가는 르누아르의 트래블링, 그네를 타는 여자를 촬영하는 방식은 정말 놀랍습니다.

물, 바람, 그리고 무엇보다도 빛은 영화의 감각세계예요. 배우들이 이 감각을 자신 속에 녹여낼 수 있는 시간을 주어야 합니다. 정말 시간의 문제죠. 〈시골에서의 하루〉를 다시 봤을 때 상영시간이 40분밖에 안 된다는 사실을 깨달았어요. 제 기억에는 훨씬 더 길었던 것 같아요! 르누아르가 감각적 세계를 만들어내는 데 들인 시간이 이 인상을 만들어내는 것이죠. 영화의 내러티브는 단편短篇 형식과 많은 관련을 맺습니다. 프랑스영화와 미국영화의 강점은 바로 모파상의 **짧은 이야기**에서 영감을 받았다는 점입니다. 우리 독일인들은 이런 짧은 문학적 형식을 가지고 있지 않은데, 이 때문에 우리 영화는 더 무거워지는 것 같습니다.

〈시골에서의 하루〉

그네를 타는 여성

감독님과 문학의 관계는 어떻습니까?

영화는 종종 문학작품에서 자유롭게 영감을 받습니다. 저는 작품을 각색할 계획이 전혀 없습니다. 하지만 제가 읽거나 본 모든 것이 때로는 제 글에 영향을 미칩니다. 일종의 무의식적인 기억이 작용하는 거죠! 〈어파이어〉를 예로 들어보죠. 이 프로젝트는 코로나19가 막 끝났을 때 시작되었습니다. 우크라이나에서 전쟁이 일어날 가능성이 똬리를 틀 때였죠. 특히 젊은이들 사이에서 기후변화에 대한 우려가 커지고 있었고요. 제 아이들은 환경에 대해 저와는 완전히 다른 관계를 맺고 있습니다. 저는 열다섯 쪽 분량의 이야기를 빠르게 썼고, 꽤 만족스러웠습니다. 그런데 나중에 더 자세히 들여다보면서 이 대본이 체호프, 〈수집가〉(에릭 로메르, 1967)와 〈시골에서의 하루〉를 연상시킨다는 것을 깨달았어요. 이야기 자체가 아니라 이야기가 만들어내는 분위기 때문이었죠.

예를 들어, 문학작품에 가장 가까운 영화인 〈트랜짓〉은 **각색**이 아니라 **독해**라고 할 수 있습니다. 이 점에서 제가 모델로 삼는 영화는 〈지옥의 묵시록〉(프랜시스 포드 코폴라, 1979)일 것입니다. 이 영화는 조지프 콘래드의 단편소설에서 영감을 받았지만 각색은 아닙니다. 이 영화는 영화감독의 눈과 특정 시대의 프리즘을 통한 독해입니다.

〈어파이어〉

체호프와 로메르 사이 모종의 자리

감옥에 간힌 아이 [*]   **크리스티안 페촐트**

트뤼포는 1972년 "그의 작품은 분명 두 유형으로 나뉜다"고 썼다. 첫 번째는 방랑자, 두 번째는 세계에서 가장 유명한 사람이다. 첫 번째 인물은 "나는 존재했었나?"라고 자문하고 두 번째 인물은 "나는 누구인가?"라고 자문한다. 1930년대의 세 위대한 영화 〈시티 라이트〉(1931) 〈모던 타임즈〉(1936) 〈위대한 독재자〉(1940)는 이러한 **분류**에 대한 이야기를 들려준다.

〈시티 라이트〉에서 그는 다시 한번 마을에 도착한 방랑자 역할을 한다. 우리는 연설, 공무원, 북과 나팔 등 모든 요

---

[*]   《쥐트도이체 차이퉁》, 2012년 12월 14일.

식 행위가 갖춰진 기념비 제막식에 참석한다. 마침내 베일이 벗겨지고 '평화와 번영' 기념비가 드러나는 순간 우리는 그 안에서 마찬가지로 무지하고 무고한 채로 잠들어 있는 방랑자를 발견한다. 분노의 외침이 그를 깨우고 그를 비난한다. 그는 탈출을 시도하지만 그에게 온기를 주었던 바로 그 조각상이 이제 그의 적이 된다.

사물 자체는 늘 순수하기 때문에 함께 놀고, 춤을 추고, 그 안에서 잘 수 있다. 하지만 사물이 공식화되고, 규정되며, 사람들이 그것을 사용하고 남용하는 순간, 사물은 적대적이고 딱딱하고 경직된 존재가 된다.

그가 잠을 잤던 곳, 기념비, 이 가증스러운 조각의 옷자락에 새들이 둥지를 틀 것이다. 우디 앨런과의 대화에서 고다르는 20세기 초 숲을 떠나 도시에 정착한 티티새에 대해 이야기한다. 그리고 우디 앨런에게 그가 티티새처럼 된 것이 아닌지 묻는다. 고다르 자신은 숲의 가장자리에 머물며 도시를 바라보고 있다는 인상을 받는다고 한다. 이 대화의 아름다움은 우디 앨런이 이 비유를 이해한다는 것이다. 우디 앨런은 채플린 덕분에 이를 이해한다. 채플린은 세상과 거리를 두는 사람이 아니라 반대로 세상 속에서 살 곳을 찾는 사람, 이야기와 역사, 사랑을 찾는 사람들 쪽이었기 때문이다. 나는 존재했나?

크리스티안 페촐트

예를 들어 〈시티 라이트〉에는 '권투선수 방랑자'를 연상시키는 복싱 장면이 있다. 이전 영화의 변주들이 놀랍도록 아름다운 레퍼토리로 들어 있다. 그리고 완전히 새로운 것이 있다. 그것은 채플린의 또 다른 연기다.

영화 말미 그가 감옥에서 나와 도시를 떠돌 때, 그에게는 젊음과 호기심, 활력의 흔적이 남아 있지 않다. 그는 이름, 거처, 의복을 가지지 않은 대도시의 유령 중 하나가 되었다. 어린 시절이 사라진, 텅 비고 커다란 눈동자를 보는 것은 끔찍한 일이다. 한때 그에게 삶, 꿈, 향수였던 모든 장소를 지나는 방랑자의 발걸음, 이제는 완전히 비어버린 방랑자의 발걸음.

이것은 감상주의를 덜어낸 한 위대한 배우의 발걸음이다. 이 발걸음이 계속해서 모든 미국영화를 괴롭힌다. 내가 존재했나?

마침내 그의 눈과 몸 안에 생명이 돌아온다. 마지막 자막화면은 이렇다.

—이제 잘 보이시나요?

—네, 지금은 잘 보여요.

결론

성형수술을 위해 넬리를 재운 〈피닉스〉의 외과의사는
환자에게 10부터 0까지 거꾸로 세라고 조언한다. 환자가 자
신도 모르게 마취에 빠지도록 하기 위해서다. 이것은 미국
인들이 '**카운트다운**'이라고 부르는 것이다. 이제 실생활과
영화에서 흔히 볼 수 있는 이 방법은 프리츠 랑이 영화 〈달
의 여인Frau im Mond〉(1929)에서 고안한 것으로 알려져 있다.
영화광인 외과의사는 넬리에게 이 사실을 설명한다.

찰나의 암시이지만 이것은 페촐트가 다른 사람의 영화
에서 찾아낸 것으로 숨겨진 의미에 접근하는 순간 중 하나
일것이다. 〈달의 여인〉을 회상하면서 외과의사는 (1945년 수
용소 생존자뿐 아니라 21세기의 관객에게) 1920년대 독일영화는
빛났고, 이 영화들이 현재 독일인을 포함한 세계의 영화감독

크리스티안 페촐트

들이 참고하는 미국영화에 영감을 주었다는 점을 강조한다. 또한 영화가 우리 현실의 일부이며, 영화가 현실을 모방하기보다는 현실에 영향을 미친다는 것을 암시한다. 우주여행과 그에 따르는 서스펜스 넘치는 장치들은 영화에 의해 발명되었고, 현실이 되었으며, 다시 우주비행사가 나오는 영화나 스파이영화 안으로 돌아왔다.

넬리는 0까지 세기 전에 잠이 든다. 그녀는 독일인들이 "코프키노(정신 영화)"라고 부르는 순수한 투영물, 남편의 꿈을 꾸고 있다. 카운트다운은 여전히 진행 중이며 아직 끝나지 않았다. 이 유예된 시간에도 우리는 영화의 일부다. 하지만 이는 아마 더 오래가지는 않을 것이다.

페촐트가 자신의 영화에 대해 이야기할 때, 다른 사람들의 영화에 대해, 텔레비전에 대해 이야기할 때 자주 언급하는 박물관이라는 개념에 대해 많이 생각했다. 아마도 그는 이 카운트다운이 박물관화를 향한 마지막 '통관절차'라고 말하고 있는지도 모른다.

"저는 장르영화의 무덤에서 영화를 만들고 있다는 감정을 느껴요. (…) [독일영화는] 매우 부유해졌어요, 그렇지만 영화는 더 이상 존재하지 않아요. 영화는 있지만 더 이상

영화를 위한 관객이 없습니다."[*] 박물관, 공동묘지……. 크리스토프 호흐하우슬러가 언급했던 페촐트적 '우울'은 페촐트 영화의 인물이나 영화제작 방식에만 적용되는 것이 아니다. 그것은 제7의 예술과 관련된 존재론적 입장이다. 과거에 속해 있다는 것을 의식하면서도 현재를 포착하고자 하는 일종의 '깊은 갈망Sehnsucht'의 형식이다. 아마도 이러한 우울이 페촐트 영화에 가치를 더할 것이다. 이 시네아스트가 다른 사람들의 작품에 보이는 관대함과 예리함을 가지고 우리도 그의 영화를 다시 방문해야 할 때이다. 셋, 둘, 하나, 지금!

[*]   Marco Abel, "The Cinema of Identification Gets on my Nerves: An Interview with Christian Petzold", *Cineaste*, 18, 2008.

222   크리스티안 페촐트

〈달의 여인〉

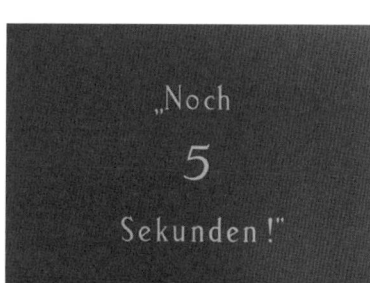

"5초 남았어"

"지금"

    나는 대부분의 프랑스 관객처럼 니나 호스의 얼굴과 함께 크리스티안 페츨트의 영화를 알게 되었다. 2012년 가을 어떤 수요일, 나는 파리 국립시네마테크에서 멀지 않은 국립도서관 지구의 멀티플렉스 영화관인 MK2 극장에서 곧 개봉할 10편 가까운 세계 영화 중 하나였던 〈바바라〉의 예고편을 보았다. 그 안에서 니나 호스의 얼굴을 처음 보았다. 예고편만으로도 나는 니나 호스의 얼굴을 기억하게 되었다. 니나 호스, 특히 〈바바라〉의 니나 호스는 표현하지 않음으로써 표현하는 얼굴의 계보를 잇고 있었다. 니나 호스가 이 영화에서 연기하는 바바라는 처벌을 받아 동독 지방 소도시 병원에 근무하게 된 의사다. 서독으로 탈출하기 위해 애쓰는 바바라라는 인물은 자신이 처한 상황을 견디기 위해 주변 인물들에게 혐오를 전시하거나 고통을 호소하지 않는다. 내가 바바라, 곧 니나 호스의 얼굴에서 목격한 것은 두려움과 결단, 불행과 열망의 동시성이었을까? 니나 호스의 얼굴이 정말 "독일과 독일영화에 관한 어떤 관념을 구체화"하는 얼굴인지는 알 수 없으나, 바바라의 얼굴은 분명 고통스러운 진실을 외면하지 않는 인간의 얼굴이다.

〈바바라〉로 처음 페촐트를 만난 이래 나는 〈피닉스〉 〈트랜짓〉으로 이어지는 역사 3부작, 〈운디네〉〈어파이어〉 같은 페촐트 영화 속에 차례로 빠져들게 되었는데, 나는 모든 페촐트의 영화에서 언제나 진실과 대면하기 위해 고통을 경험하는 것을 두려워하지 않는 여성, 때로는 거의 신화적 인물에 가까운 (그러나 남성 작가의 판타지가 지탱되도록 돕는 뮤즈로 환원되지 않는) 여성을 발견할 수 있었다. 물론 페촐트는 자신의 모습을 꽤 많이 반영한 캐릭터인 〈어파이어〉의 작가를 범죄자에 비유할 줄 아는 감독이다. 말하자면 페촐트는 진실의 문제만큼이나 거짓의 문제, 거짓의 장르인 범죄물에 열광하는 감독이다. 이 인터뷰는 우리에게 페촐트가 자신이 자라고, 교육받고, 정치활동을 했던 1970년대 이후 독일 사회가 무척이나 유해한 남성성의 사회였다는 것, 영화라는 예술에서도 이와 무관하지 않은 남성적 시선이 작동함을 분명하게 인식하고 있다는 것을 알려준다. 이

책에서 거듭 언급되는 것처럼 페츨트는 영화학교 졸업 작품 이후 시종일관 여성을 이야기의 주인공이자 진실의 주인공으로 내세우는 영화를 만들어왔다. 자신의 시선 역시 분명 "남성적 시선"일 것이라고 가정하면서 페츨트는 자신의 영화에서 남성적 시선을 자각하고 있는 여성의 초상을 그린다. 이것은 시선 권력의 불평등한 배분에 도전하는 영화의 시도다.

페츨트에게는 영화의 가족이 있다. 니나 호스, 파울라 베어 등의 여성 배우가 페츨트와 함께 여러 편의 영화를 찍었다. 페츨트는 독일의 다큐멘터리 영화감독이자 미디어 작가 하룬 파로키와도 오랫동안 각별한 우정을 유지하며 여러 차례 공동 작업을 진행했다. 제2차 세계대전 직후 태어나 1960년대 액티비즘과 급진주의의 자장 속에서 작업을 시작했던 파로키가 철학, 사회학, 영화학, 미디어학의 이론적 쟁점을 깊이 있게 다루었던 것처럼 페츨트도 인터뷰 내내 발터 벤야민, 미셸 푸코 등의 이론을 서슴없이 인용한다. 주로 다큐멘터리 기반 작업 안에서 몽타주의 형식을 통해 사유를 전했던 파로키와 달리, 페츨트는 픽션과 미장센 속에 역사와 동시대에 대한 본인의 성찰을 구체화한다. 페츨트는 자신이 파로키가 가지지 못한 미장센의 재능을 가지고 있기 때문이라고 했지만, 이것이 전부는 아니다. 이 책에서 읽을 수 있는 페촐트의 인터뷰는 페촐트의 재능이 다만 미장센의 재능이 아니라는 것을 이해할 수 있게 해준다.

다시 〈바바라〉의 예고편을 보았던 날을 떠올리게 된다. 호기심을 불러일으키는 니나 호스의 얼굴에도 불구하고 나는 이 영화가 조금 미심쩍었던 것 같다. 아카데미 외국어영화상을 수상했던 독일영화 〈타인의 삶〉이 떠올랐기 때문이다. 두 영화는 분명 같지 않다. 이 책이 강조하듯 〈타인의 삶〉은 독일영화이긴 하지만 할리우드적인 독법으로 독일의 역사를 다루는 영화다. 반면 페촐트의 영화는 20세기 독일 역사의 자장 아래 성장한 시네아스트가 독일의 풍경 속에서 독일과 세계, 과거와 현재를 재구성하는 영화다. 1960년구 서독의 중산층 공업 벨트 도시에서 서투른 경제적 셈을 가지고 자식들의 미래를 위해 주택을 구매했던 20세기 후반의 평범한 독일인 가정에서 태어나, 포스트 '뉴저먼시네마' 시기에 베를린영화텔레비전아카데미에서 공부한 페촐트는 영화를 통해 파시즘이라는 독일의 '거대한 잘못'의 기원으로 거슬러 올라갈 수 있다고 믿는 사람이다. 그러나 페촐트는 파시즘의 기원을 사회학적으로 연구하는 대신, 파시즘의 폐허에 관심을 기울인다. 페촐트는 잘못과 패배, 영원한 상실, 실책을 예감하고, 깨닫는 순간에 눈길을 돌린다.

〈어파이어〉의 주인공처럼 우리는 대체로 비겁하게 이유를 꾸미며, 그럼에도 우리는 잃어버리게 될 것을 부여잡으려고 애쓴다. 페촐트 영화의 주제와 형식은 정교하게 사회적인 동시에 미묘하게 심리적인 원인과 결과에 대한 페촐트의 시선 안에서 출현한다. 방문판매하는 주부, 바람이 나서 사라진 동네의 아름다운 여성, 이 여성에 대해 '반복해서' 이야기를 이어나가던 가장 세속적이며 가장 영화적인 동네 사람들, 자동차 안에서 재즈 음악을 듣던 아버지의 이야기, 범죄를 저지른 사람들의 이야기를 독일 사회와 경제의 역사와 연결하고, 다시 이야기와 영화의 본질과 연결하는 페촐트의 시선과 사유의 방식이야말로 페촐트가 지닌 명민하고, 도전적이며, 창의적인 재능일 것이다. 이 재능 안에서 일상의 경험은 영화적 우화가 된다. 안나 제거스, 위테르 몽테예, 헤르만 브로흐의 문학작품을 영화화하는 과정에서도 이런 면모를 확인할 수 있다. 페촐트는 자신의 작업이 문학작품을 영화 시나리오로 '각색'하는 작업이 아니라 작품에 대한 '독해'를 제시하는 과정이라고 설명하기 때문이다. 페촐트는 공동체가 속한 현실, 역사와 역사 너머의 것, 한 사람의 인간과 보편적인 인간의 심리에 대한 지치지 않는 호기심, 자신이 발견한 바를 '고유의' 시선과 감각으로 재구성하려는 야심을 가진 창작자다.

페촐트의 인터뷰는 독자에게 더 많은 만남의 계기를 만들어준다. 우리는 인터뷰에서 세계관, 영화와 예술에 대한 신념을 구성하는 자양분이 되었던 독서와 관람 경험을 실로 자유롭게 인용하고 자신의 사적 경험과 끊임없이 '몽타주'하는 페촐트를 만날 수 있다. 사소한 경험을 통해 사회적 사건이나 보편적 심리를 환기하는 크리스티안 페촐트의 인터뷰를 통해 우리는 페촐트의 영화 역시 다시 만날 수 있다. 페촐트의 말과 글은 20세기 냉전 시기를 관통했던 독일 풍경과 독일 시민의 초상, 학생, 시네필, 젊은 예술가의 초상을 때로는 더 또렷하게 볼 수 있게 하고, 때로는 더 풍부하게 만날 수 있게 한다.

그렇다면 1940년대 할리우드 영화부터 히치콕과 클로드 샤브롤, 사프디 형제까지 자유자재로 인용하는 페촐트는 수많은 영화 속 수많은 장면을 눈앞에 떠오르도록 묘사할 줄 아는 시네필 감독의 계보에 속하는 것일까? 어떤 시네필 감독이 지닌 '영화에 대한 사랑'은 때로 '영화적 사물에 대한 사랑'과 동의어다. 그는 수많은 비디오카세트, DVD, 파일을 수집하는 것에 희열을 느낀다. 어떤 시네필 감독은 영화의 경험과 영화에 대한 지식을 소유하고자 한다. 페촐트 역시 자신의 마음에 저장된 영화 제목과 영화 장면을 자유자재로 인용하지만 이것이 페촐트의 시네필적 면모를 가장 잘 드러내는 것은 아니다. 페촐트가 영화를 대하는 방식을 가장 잘 보여주는 에피소드는 영화 촬영을 준비하는 과정에서 페촐트가 배우 및 스태프에게 세미나의 형식으로 제안하는 영화 상영회일 것이다. 알려진 바에 따르면 그가 이 상영회에서 보여주는 영화는 준비하고 있는 프로젝트에 직접적인 참조가 될 수 있는 영화가 아니다. 아마도 페촐트의 컴퓨터 혹은 서랍 안에는 특별한 사건, 표정, 에너지의 방향, 날씨, 달리기, 옷차림, 내가 미처 상상할 수 없으나 분명 이야기와 몸짓, 감정의 영화적 중요성을 알 수 있게 하는 세세한 이름표를 단 두툼한 리스트가 존재할 것이다. 그는 이 중에서 영화 프로젝트에 대한 자신의 생각과 희망을 전달할 수 있는 작품을 골라 동료들에게 보여줄 것이다. 그는 발터 벤야민이 "이야기의 전달 가능성"이라고 불렀던 바를 영화가 가지고 있다고 믿는 작가다.

부퍼탈 출신인 페촐트는 부퍼강을 언급하면서 "부퍼를 건너다"라는 독일어 표현을 알려준다. 독일어에서 "부퍼를 건너다"는 죽음, 곧 인생이라는 긴 여정의 끝을 뜻하는 표현이다. 하지만 이 〈트랜짓〉의 영화감독은 강을 통해 항해의 가능성 역시 언급한다. 여정은 막다른 곳을 예비하지만 여정의 경험 속에서만 막다른 곳에 이를 수 있다. 페촐트의 영화는 상실을 위한 모험, 상실을 살피는 모험을 떠나는 자들을 기다리는 영화의 강물이다.

번역이라는 여정을 지지하며 함께해준 마음산책의 황서영 편집자에게 감사의 마음을 전한다.

2025년 11월

이나라

연보

1960	9월 14일 독일 힐덴Hilden에서 출생. 동독(아버지는 작센 자유주Freistaat Sachsen, 어머니는 주데텐란트Sudetenland)에서 서독으로 이주한 부모에게서 자란다.
1979	고등학교를 졸업하고 독일의 대체복무제도인 치빌디엔스트zivildienst로 기독교 청소년 단체에서 근무, 청소년을 위한 시네 클럽을 운영한다.
1981	베를린자유대학Freie Universität Berlin에서 독문학을 공부한다.
1988	베를린영화텔레비전아카데미DFFB, Deutsche Film- und Fernsehakademie Berlin에 입학해 영화 연출을 공부한다. 교수로 재직하던 하룬 파로키를 만나 긴밀한 협업자이자 친구가 된다.
1995	베를린영화텔레비전아카데미 졸업 작품으로 〈파일럿〉을 완성한다. 페촐트의 첫 장편인 이 작품은 독일 텔레비전 채널 ZDF에서 방영된다.
1996	텔레비전영화 〈쿠바 리브레〉를 발표한다.
1998	하룬 파로키와 공동으로 각본을 쓴 텔레비전영화 〈페트라〉를 발표한다.
2000	바르바라 아우어, 율리아 후머와 첫 협업작이며 하룬 파로키와 공동으로 각본을 쓴 첫 극장 데뷔작 〈내가 속한 나라〉가 개봉해 독일영화비평가협회상을 수상한다.

연보

2001   니나 호스와의 첫 번째 협업인 텔레비전영화 〈죽은 남자〉를
발표한다.

2003   텔레비전영화로 제작된 〈볼프스부르크〉가 베를린영화제에
초청되어 극장 상영한다.

2005   하룬 파로키와 공동으로 각본을 쓴 〈유령〉이 개봉한다.

2007   〈옐라〉가 개봉한다.

2008   〈열망〉이 개봉한다. 〈유령〉 〈옐라〉 〈열망〉으로 묶이는 '유령
3부작'이 완성된다.

2011   크리스토프 호흐하우슬러, 도미니크 그라프와 공동 기획한
3부작 텔레비전 시리즈 〈세 가지 삶〉의 한 에피소드 "죽음보다
나은 것"을 발표한다.

2012   하룬 파로키와 공동 각본을 쓴 〈바바라〉가 개봉한다.
베를린국제영화제 경쟁 부문에 진출, 은곰상(최우수감독상)을
수상한다.

2014   각본 작업에 참여한 하룬 파로키의 갑작스러운 죽음 이후 완성한
〈피닉스〉가 개봉한다.

2015   텔레비전 범죄드라마 〈폴리차이루프 110〉의 에피소드 "서클"을
발표한다.

2016   텔레비전 범죄드라마 〈폴리차이루프 110〉의 에피소드 "늑대"를

발표한다.

2018   파울라 베어, 프란츠 로고브스키와의 첫 번째 협업인 〈트랜짓〉이

개봉한다. 〈바바라〉〈피닉스〉〈트랜짓〉으로 묶이는 '역사 3부작'을

완성한다. 〈폴리차이루프 110〉의 에피소드 "범죄의 장소"를

발표한다.

2020   〈운디네〉가 개봉해 베를린국제영화제에서 국제비평가협회상과

은곰상(여우주연상)을 수상한다.

2023   〈어파이어〉가 개봉해 제73회 베를린국제영화제 경쟁 부문에

초청되어 은곰상(심사위원대상)을 수상한다.

2025   〈미러 넘버 3〉가 개봉한다. 〈운디네〉(물) 〈어파이어〉(불) 〈미러

넘버 3〉(공기)로 묶이는 '원소 3부작'을 완성한다. 이 작품은

제78회 칸영화제 감독 주간에 초청된다.

필모그래피

텔레비전영화

1995

파일럿Pilotinnen

연출·각본: 크리스티안 페촐트

드라마투르기: 하룬 파로키

촬영: 한스 프롬

음향: 하이노 헤렌브뤼크

편집: 모니카 카펠슈미트

제작: 베를린영화텔레비전아카데미,
　　슈람 필름 쾨르너 운트 베버

출연: 엘레오노레 바이스게어버,
　　나데슈다 브렌니케, 우도 셴크,
　　바르바라 프라이

상영시간: 72분

방영: ZDF

1996

쿠바 리브레 Cuba Libre

연출·각본: 크리스티안 페촐트

드라마투르기: 하룬 파로키

촬영: 한스 프롬

음향: 하이노 헤렌브뤼크

편집: 베티나 뵐러

제작: 슈람 필름 쾨르너 운트 베버,
　　시네 이미지스

출연: 리히 뮐러, 카트린 플레밍,
　　볼프람 베르커

상영시간: 92분

방영: ZDF

1998

페트라Die Beischlafdiebin

연출·각본: 크리스티안 페촐트, 하룬
　　파로키

촬영: 한스 프롬

음향: 하이노 헤렌브뤼크, 마르틴
　　엘러스

편집: 카트야 드링겐베르크

제작: 슈람 필름 쾨르너 운트 베버

출연: 콘슈탄체 엥겔브레히트,
　　나데슈다 브렌니케, 볼프람 베르커,
　　리히 뮐러

상영시간: 86분

방영: ZDF

필모그래피

2001

죽은 남자 Toter Mann

연출: 크리스티안 페촐트

각본: 크리스티안 페촐트, 장바티스트
   피요

드라마투르기: 하룬 파로키

촬영: 한스 프롬

음향: 안드레아스 뮈케니지트카

편집: 베티나 뵐러

제작: 팀웍스

출연: 니나 호스, 앙드레 헤니케, 스벤
   피피크

상영시간: 88분

방영: ZDF

2003

볼프스부르크Wolfsburg°

연출 · 각본: 크리스티안 페촐트

드라마투르기: 하룬 파로키

촬영: 한스 프롬

음향: 안드레아스 뮈케니지트카

편집: 베티나 뵐러

제작: 팀웍스

출연: 니나 호스, 벤노 퓌어만, 안티에
   베스터만, 아스트리트 마이어펠트,
   슈테판 캄프비르트

상영시간: 90분

2011

세 가지 삶 Dreileben :

죽음보다 나은 것 Etwas Besseres als den
   Tod

연출 · 각본: 크리스티안 페촐트

드라마투르기: 하룬 파로키

촬영: 한스 프롬

음향: 안드레아스 뮈케니지트카

편집: 베티나 뵐러

제작: 슈람 필름 쾨르너 운트 베버

출연: 야코프 마첸츠, 루나 지미치
   미요비치, 비에스나 페르키츠,

°   ZDF에서 방영할 텔레비전영화로 제작되었으나 극장에서 먼저 개봉하였다.

필모그래피

라이너 보크
상영시간: 88분
방영: 제1공영방송

2015

폴리차이루프110 Polizeiruf 110:
서클 Kreise
연출·각본: 크리스티안 페촐트
촬영: 한스 프롬
음향: 페터 프로이스
편집: 베티나 뵐러
제작: 클라우센 뵙케 푸츠 영화제작사
출연: 마티아스 브란트, 바르바라
　　아우어, 유스투스 폰 도나니
상영시간: 90분
방영: 바이에른 방송

2016

폴리차이루프110 Polizeiruf 110:
늑대 Wölfe
연출·각본: 크리스티안 페촐트
촬영: 한스 프롬
음향: 크리스토퍼 해리스, 페터

프로이스
편집: 베티나 뵐러
제작: 클라우센 뵙케 푸츠 영화제작사
출연: 바르바라 아우어, 마티아스
　　브란트, 제바스티안 휠크, 미하엘
　　비테
상영시간: 120분
방영: 바이에른 방송

2018

폴리차이루프110 Polizeiruf 110:
범죄의 장소 Tatorte
연출·각본: 크리스티안 페촐트
촬영: 한스 프롬
편집: 베티나 뵐러
제작: 클라우센 뵙케 푸츠 영화제작사
출연: 바르바라 아우어, 마티아스
　　브란트, 마리암 자리
상영시간: 88분
방영: 바이에른 방송

필모그래피

영화

2000

내가 속한 나라 Die innere Sicherheit

연출·각본: 크리스티안 페촐트, 하룬 파로키

촬영: 한스 프롬

음향: 하이노 헤렌브뤼크

편집: 베티나 뵐러

제작: 슈람 필름 쾨르너 운트 베버

출연: 율리아 후머, 바르바라 아우어, 리히 뮐러, 빌게 빙귤

상영시간: 106분

2005

유령Gespenster

연출·각본: 크리스티안 페촐트, 하룬 파로키

촬영: 한스 프롬

음향: 안드레아스 뮈케니지트카

편집: 베티나 뵐러

제작: 슈람 필름 쾨르너 운트 베버

출연: 율리아 후머, 자비네 티모테오, 마리안 바즐레르, 오렐리앵 르콰엥, 벤노 퓌어만

상영시간: 85분

2007

엘라Yella

연출·각본: 크리스티안 페촐트

드라마투르기: 하룬 파로키

촬영: 한스 프롬

음향: 안드레아스 뮈케니지트카

편집: 베티나 뵐러

제작: 슈람 필름 쾨르너 운트 베버

출연: 니나 호스, 데비트 슈트리조, 히너크 쇠네만, 크리스티안 레들, 부어크하르트 클라우스너, 바르바라 아우어, 젤린 바르바라 페촐트

상영시간: 89분

2008

열망Jerichow

연출·각본: 크리스티안 페촐트

원작: 제임스 M. 케인

필모그래피

드라마투르기: 하룬 파로키

촬영: 한스 프롬

음향: 안드레아스 뮈케니지트카,
　　마르틴 엘러스

편집: 베티나 뵐러

제작: 슈람 필름 쾨르너 운트 베버

출연: 니나 호스, 벤노 퓌어만, 힐미
　　쇠제르, 앙드레 M. 헤니케

상영시간: 92분

2012

바바라 Barbara

연출·각본: 크리스티안 페촐트, 하룬
　　파로키

촬영: 한스 프롬

음향: 안드레아스 뮈케니지트카,
　　베티나 뵐러

제작: 슈람 필름 쾨르너 운트 베버

출연: 니나 호스, 로날트 체어펠트,
　　라이너 보크, 크리스티나 헤케,
　　마르크 바슈케, 야스나 프리치
　　바우어, 야닉 슈만

상영시간: 108분

2014

피닉스 Phoenix

연출·각본: 크리스티안 페촐트, 하룬
　　파로키

촬영: 한스 프롬

음향: 안드레아스 뮈케니지트카

편집: 베티나 뵐러

제작: 슈람 필름 쾨르너 운트 베버

출연: 니나 호스, 로날트 체어펠트,
　　니나 쿤첸도르프

상영시간: 98분

2018

트랜짓 Transit

연출·각본: 크리스티안 페촐트

촬영: 한스 프롬

음향: 안드레아스 뮈케니지트카

편집: 베티나 뵐러

제작: 슈람 필름 쾨르너 운트 베버

출연: 프란츠 로고브스키, 파울라
　　베어, 고데하르트 기제, 바르바라
　　아우어, 마티아스 브란트

상영시간: 101분

필모그래피

2020

운디네 Undine

연출 · 각본: 크리스티안 페촐트

촬영: 한스 프롬

음향: 안드레아스 뮈케니지트카

편집: 베티나 뵐러

제작: 슈람 필름 쾨르너 운트 베버

출연: 프란츠 로고브스키, 파울라
  베어, 마리암 자리

상영시간: 90분

2023

어파이어 Roter Himmel

연출 · 각본: 크리스티안 페촐트

촬영: 한스 프롬

음향: 안드레아스 뮈케니지트카

편집: 베티나 뵐러

제작: 슈람 필름 쾨르너 운트 베버

출연: 토마스 슈버르트, 파울라 베어,
  랭스턴 우이블, 엔노 트렙스,
  마티아스 브란트

상영시간: 103분

2025

미러 넘버 3 Miroirs No. 3

연출 · 각본: 크리스티안 페촐트

촬영: 한스 프롬

음향: 안드레아스 뮈케니지트카

편집: 베티나 뵐러

제작: 슈람 필름 쾨르너 운트 베버,
  ZDF, ARTE

출연: 파울라 베어, 바르바라 아우어,
  엔노 트렙스, 필리프 프루아송

상영시간: 90분

찾아보기

찾아보기

찾아보기

찾아보기

찾아보기

찾아보기